伟大的客户成就伟大的企业

2013年山东齐商银行绩效考核系统项目启动仪式现场。

安徽药都农商银行结合"党建引领"思想建设工作召开绩效考核座谈会。员工座谈会与绩效工资分析会是绩效考核文化体系的重要抓手。

念念不忘　必有回响

2001年第一届全国银行绩效考核论坛大合照，主题为"垂直考核与支行管理"。天维信息从2001年开始每年举办一次全国银行绩效考核论坛。

2020年11月举办的第十届全国银行绩效管理论坛（海口站）现场，主题为"拾级而上！筑高质量发展之路"。

第十届全国银行绩效管理论坛
2020.11.13 海口

来自全国28个省（直辖市/自治区）的204家银行高管及相关部门负责人出席第十届全国银行绩效管理论坛（海口站）。图为部分嘉宾大合照。

从第六届全国银行绩效管理论坛开始，每届参会嘉宾人数均超过500人。

星星之火 可以燎原

2020年8月，在由银保监会直管单位中国农村金融杂志社举办的"30人论坛"莫干山会议上，天维信息董事长丁家奎作题为"疫情对银行业务与管理的影响及应对策略"的演讲。

2021年7月14日，由天维培训中心组织的绩效管理专管员中阶班（南京站）培训合照。除了直接提供绩效管理服务，天维信息一直在帮助银行培养专业的绩效管理人才。

众志成城　金石可镂

2005年，天维早期创业团队在广州高科大厦办公楼顶的大合照。

2021年7月5日，天维信息成立20周年时天维中高层管理团队大合照。

2016年,天维信息纪念成立十五周年大合照。

没有效果的绩效考核都是耍流氓

2018年4月12日,天维信息"项目管理最佳模型"V1.0正式发布,标志着天维信息向"让100%的项目有效果"的伟大目标迈出了第一步。

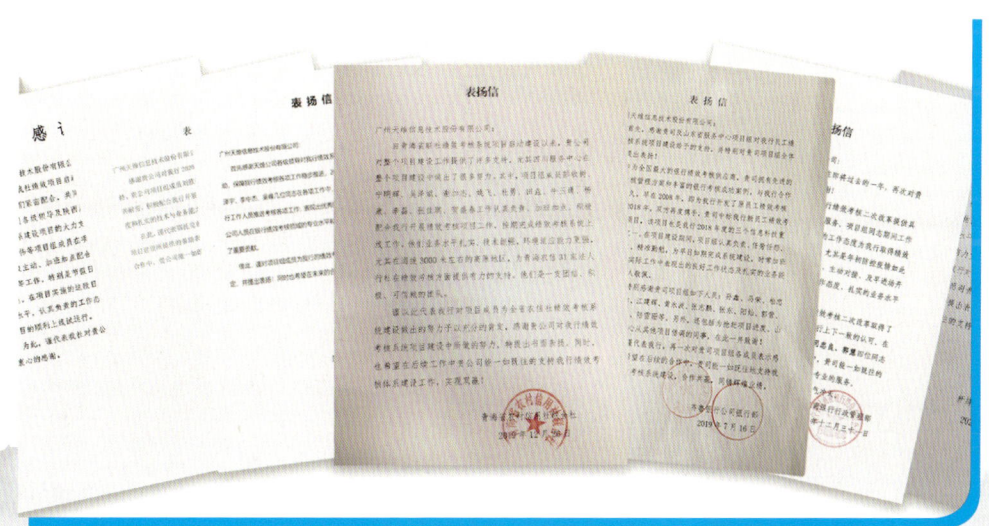

客户的肯定,就是天维最值得骄傲的功勋章!图为部分客户的感谢信、表扬信。

常怀感恩　基业长青

2016年，天维信息于新三板挂牌，股票代码"837919"。四位创始人在北京金融街全国中小企业股份转让系统办公大楼合影（从左至右：徐志信、丁家奎、姚慧明、王远光）。

2015年天维"WE"基金为贵州贫困地区儿童捐献学习、生活物资。感恩祖国、感恩时代，天维时刻不忘社会责任。

银行精细化考核探索之路

主编 ◎ 丁家奎

华南理工大学出版社
·广州·

图书在版编目（CIP）数据

银行精细化考核探索之路：二十人二十年/丁家奎主编. —广州：华南理工大学出版社，2021.12

ISBN 978-7-5623-6873-1

Ⅰ. ①银… Ⅱ. ①丁… Ⅲ. ①银行管理–研究–中国 Ⅳ. ①F832.1

中国版本图书馆 CIP 数据核字（2021）第 211171 号

银行精细化考核探索之路——二十人二十年

丁家奎　主编

出 版 人：	卢家明
出版发行：	华南理工大学出版社
	（广州五山华南理工大学17号楼，邮编510640）
	http://hg.cb.scut.edu.cn　E-mail: scutc13@scut.edu.cn
	营销部电话：020-87113487　87111048（传真）
责任编辑：	王　磊
责任校对：	盛美珍　詹伟文　梁晓艾
印 刷 者：	广州市人杰彩印厂
开　　本：	787mm×960mm　1/16　印张：12　插页：4　字数：200千
版　　次：	2021年12月第1版　2021年12月第1次印刷
印　　数：	1~3 500 册
定　　价：	68.00元

版权所有　盗版必究　　印装差错　负责调换

编 委 会

主　　编：丁家奎
执行主编：张　伟　刘小萃
参编人员：徐志信　田　蓉　张慧宙　洪　嵩
　　　　　邓　榕　苏东坡　李　博　胡宏开
　　　　　马　悦　岳乙琳　贾丹丹

特别鸣谢：《中华合作时报·农村金融》的记者们不辞辛苦的实地访谈，保障了每篇文章的客观与生动。

序　言

绩效考核精细化是推动银行高质量发展的关键

我担任银行薪酬委员会委员多年，每年都要审议银行工资总额和高管薪酬。因有中国银行保险监督管理委员会（后简称"银保监会"）、财政部多次出台的《银行业金融机构绩效考评监管指引》《商业银行绩效评价办法》等监管指引，我觉得银行绩效考核这项工作好像没那么复杂，照章办事就行。这是我最初的想法。

但深入很多基层金融机构调研后，我才深刻感觉到，银行绩效考核不是按公式计算那么简单的事，而是关乎员工利益保障和银行稳健发展的大事，这其中，实现精细化的绩效考核最为重要。

针对银行的精细化绩效考核，我想说说我的三点看法。

一、要强调绩效考核精细化

先说说绩效考核指标选择的精细化。存款，是银行争抢的资源，自然在绩效考核中占有一席之地。但近年来，出现"赶存款"的现象，就是把高息存款退还出去和把月末、季末增加过多的存款"赶走"。为什么会从"抢存款"变为"赶存款"呢？曾经一度，各银行将存款作为重要的考核指标，从而引发"存款大战"和月末、季末"冲时点"，这不仅扰乱了存款市场，还抬高了资金"价格"。银行存款快速增长，特别是高息存款增多，导致利差收窄、利息收入下降，必然出现增量不增收的尴尬局面。现在，银行绩效考核并不是简单纳入存款指标，而要考核存款的量与质、短与长、小与大等综合性因素。

再谈谈绩效考核权重安排的精细化。防范风险是金融机构的第一要务，但给予风险类指标过高权重，不仅不利于业务发展，也不利于风险控制。前几年，一些银行为压降不良和加强风控，特别增强了对拨备覆盖率、不良率、重大案件发生率以及合规和操作风险变动等指标的考核，当这些风险控制类指标比重占到30%~50%，就导致员工产生"不求有功但求无过"的避险心理，被动应付工作，业务开拓不进取，不愿意做放贷业务，更愿意做票据业务和同业业务。后来，国家出台了一系列服务国家战略和支持实体经济的政策，监管部门也给予了监管指引和政策激励，银行不仅在考核中加入了"服务国家战略和支持实体经济"的考核指标，还将这些指标的权重增加到10%~15%，同时又增加了业务和利润类考核指标的权重，从而推动银行形成了既要开拓进取，又要防范风险的稳健发展格局。

还议议绩效考核机制设计的精细化。分工合作和协同发展，是银行普遍强调的运营机制。因为贷款与存款、对公与对私、本地与异地、总行与分行、境内与境外等看似不同的分工项目之间，又有着较强的关联关系。例如，一位对公的客户经理去企业营销，只谈企业信贷，而对该企业员工的存款或理财等金融服务需求不管不顾。客户经理认为，银行对他的考核，只看对公业务的完成情况，对私业务即便做了也是义务劳动。这就反映出该客户经理所在银行的考核机制有问题，没有鼓励联合营销，没有建立好分润机制，导致出现"各人只扫门前雪，不管他人瓦上霜"的分割局面。又如客户在本地银行开户，本地银行负责客户管理，当客户在外地有金融需求时，本地银行不愿意向外地的分支机构推荐客户。这也反映出考核机制没有调动起员工协同发展的积极性。可见，考核机制设计既要分工明确，又要激励协作共赢。

二、要做好绩效考核精细化

一是绩效考核强调精细化而不是碎片化。绩效考核精细化不仅体现在考核项目的数量上，而且体现在内在关系上，是有方向、有脉络、有条理的精细化。而碎片化是事无巨细，简单罗列。有些银行的考核指标有上百项，甚至上千项，员工每个动作和每项任务都对应一个考核指标，最后导致员工或斤斤计较或无所适从。

二是绩效考核的精细化既要体现效率还要体现公平。绩效考核是银行业务发展的落实与细化，所以绩效考核自然要关注效率问题。然而，绩效考核又与员工利益息息相关，是调动员工积极性的重要手段，因此，效率固然重要，但必须兼顾公平。

三是绩效考核精细化要体现可预期和可自测。银行确定的绩效考核体系要让员工能较清晰预测或感知到考核的基本结果，只有考核结果具有可预期性，才能调动其积极性，有效引导员工行为。

三、要提升绩效考核精细化

提升绩效考核精细化的三大途径是科技、系统和方法。

没有科技手段支撑，而用传统方式来记录，是做不到绩效考核精细化的。特别是银行规模越来越大、业务品种不断增多，协同营销的要求越来越高，需要借助科技手段来实时、连续、准确地记录和分析相关数据。因此，银行的绩效管理要借助大数据、云计算、区块链等现代科技手段，加快数字化转型。

系统建设是科技手段实现的平台和保障。银行需要将业务系统、财务系统、风险管理系统、人力资源管理系统等多个方面的系统相结合，形成符合自身实际的绩效管理系统。只有依托科学完善的绩效管理系统，才能实现绩效考核的精细化。

同时，方法创新是推动绩效考核精细化的关键。国内外关于绩效考核的方法较多，如 BSC（平衡计分卡）、KPI（关键绩效指标考核）及 360 度考核等，但每家银行的经营理念、企业文化、资本实力、风险偏好等基本因素都不相同，必须通过方法创新来实现"量身定制"，建立适合本行的绩效考核制度，从而实现精细化绩效考核的目标。

以上观点，只是我个人的一些浅见。广州天维信息技术股份有限公司（后简称"天维信息"）20 年来始终如一地致力于探索构建银行业精细化考核体系，取得了很好的成绩。这本《银行精细化考核探索之路——二十人二十年》，以 20 个人物为线索，以一个个生动的故事为主干，从一个非常独特的视角，讲述了金融管理者上下求索的心路历程。他们在绩效管理方面的探索与创新，也呈现了中国银行业 20 年的发展与变迁，很值得一读。

汪小亚

博士研究生导师、清华大学国家金融研究院特邀研究员

2021 年 9 月

目　录

第一部分
绩效管理有点难，不去管理会更难

"个人价值管理"是精细化管理的核心
　　——邹平座专访 / 3

邹平座从全球视野、商业银行改革与转型历程、银行业未来面临的机遇与挑战等多个维度，深入分析、探讨了银行业的发展趋势，提出未来商业银行精细化管理的核心是"个人价值管理"，绩效管理的核心是"数字化管理"。

未来留给农商行的"待解之题"
　　——刘小萃专访 / 16

农商行面对经济转型重大挑战，必然要经历一个长期、复杂的自我变革过程。在这个过程中，从粗放式管理转型为精细化管理，是一个大的趋势。农商行以客户为中心，形成端对端的流程再造，就必须要保持一种稳定的、可持续的管理。

"绩效管理"是精细化管理的重要支撑
　　——陈彦峰专访 / 26

"在微利时代，银行更要强调的是精细化管理，而给精细化管理提供重要支持的就是绩效系统。"陈彦峰对于绩效管理在银行管理上的重要地位有着清醒的认识。

"绩效管理"理念应顺势而变
——郝伟忠专访 / 34

中小银行唯有坚持差异化经营和精细化管理，聚焦细分市场，不断增强创新和风控的能力，打造特色化、专业化的银行，才能在新形势下重塑发展引擎，收获持续发展的动力。

"绩效管理有点难，不去管理会更难"
——周章法专访 / 38

薪酬是管理中最敏感的因素，也是改革的重点和难点。在实施绩效考核中，青田农商银行是如何做到"薪酬差距拉大了，但员工心态差距缩小了"？绩效考核特别强调机构、人事、薪酬"三大改革"协调推进，其背后的逻辑是什么？……

银行业变革需要绩效考核的支撑
——王国庆专访 / 49

作为一个合作了 20 年的"老"银行家，对于绩效管理理论体系，王国庆有着自己独到的见解。他提出，银行业的整体需求和金融改革同步，处于大的变革中，这场变革的成功推进必然需要科学的绩效考核加以支撑。

第二部分
银行精细化考核理论突破与方法论创新

做绩效管理领域的"思想先行者"
——苏家怡专访 / 57

银行绩效考核最佳实践研究所，于 2014 年 2 月 28 日在广州天维信息技术股份有限公司正式挂牌成立，是首个由企业领衔并专注于银行绩效管理领域的专业研究机构。

"绩效管理"绝不能脱离战略管理
——谢振山专访 / 65

战略管理是"皮",绩效管理是"毛"。皮之不存,毛将焉附?不能把"发钱多少"作为衡量考核好坏的标准……作为一名实战经验极为丰富的银行管理者,谢振山在与天维信息多年的合作相处中,对绩效管理有了很多独到的见解和特殊的感悟。

以"绩效管理"强化经营战略传导
——吴刚专访 / 74

绩效管理是经营战略转型发展的刚性需求。陕西省农村信用社联合社通过建立全省一体化客户经理绩效管理模式,垂直打通了经营战略从省联社—审计中心—行社—网点—客户经理的理念传导链条。

绩效管理是一场不断变化的"比赛规则"
——卞玉叶专访 / 78

"人是企业最宝贵的资源。"这是卞玉叶经常说的一句话。这家农商银行在人才管理上遵循"企业始于人,止于人"的思想,通过绩效管理、薪酬管理、"赛马"机制,不断实践、总结、创新。

第三部分
知行合一 笃行致远

星光灿烂20年
——王远光专访 / 91

我们内部认真总结,得出一个最核心的结论:同一银行下,各分行绩效考核系统建设的个性化需求非常大,必须结合分行的实际情况进行个性化定制开发。

绩效管理是银行管理的总中枢，需要花大力气研究部署、推广应用
——李国英专访 / 100

　　银行业发展最好的几年，他为什么要把大量的心力花在"折腾"一个崭新的绩效考核系统上？经过多年的实践验证，已经实施运行了的绩效管理系统成效如何？相信李国英的一番回答，会给转型升级中的农村中小银行带来很大的启示。

运用绩效考核"指挥棒" 打造服务一方的"好银行"
——刘飞军专访 / 106

　　绩效的目标，是通过为客户提供优质的金融服务从而推动业务发展，我们的企业文化以打造"暖银行、快银行、好银行"为核心，绩效考核工作也是紧紧围绕这一理念推进的。

实施"小考核" 赢得"大绩效"
——格日勒图专访 / 111

　　三年多的时间，锡林农合行在内蒙古农信系统内综合排名提升、监管评级提升、业务竞争实力提升，各项业务经营成绩得到了自治区联社、监管部门、辖区盟市两级地方政府的高度肯定和认可。三年多的时间，是什么力量让锡林农合行发生了的质的蜕变？

"以人为本"打造新绩效考核文化
——路伟专访 / 119

　　三年的时间，济宁农商银行业绩实现逆势上扬。成绩的背后，是这支"农信铁军"紧密围绕"回归本源、专注主业、防控风险"的经营宗旨，持续改进薪酬考核管理，坚定服务实体经济的战略方向，践行"质量优先、效率至上"的内涵式发展理念，将"支农支小、稳中求进"的战略思维量化落实到薪酬考核的指标体系之中。

第四部分
锚定效果　砥砺前行

"让100%项目有效果"的底气来自哪里？
　　——丁家奎专访 / 125

　　20年斗转星移，20年奋进激昂。丁家奎谈及未来，信心百倍："天维信息的方法论逐步成熟、商业模式已经成熟，我们将以最好的状态来迎接这个重大机遇的到来，天维信息必将为中国银行业的管理提升、竞争力提升做出独特贡献！"

"创造价值"是企业经营的核心
　　——姚慧明专访 / 141

　　在服务客户的过程中，天维信息为客户、为员工、为股东创造了极大的价值。同时，天维信息在不断探索的过程中，也洞察到"企业的经营核心还是创造价值、创造利润"。

"科韵路文化"在这里传承
　　——詹延遵专访 / 148

　　广州市科韵路，往北接入华观路，直通天河智慧城；往南接入南沙港快速，全长11公里。科韵路算不上广州的交通要道，但对于广州市的软件行业而言，却有着不一样的意义，一种独特的创新文化——"科韵路文化"在这里汇聚传承。

用心深耕　持续创新
　　——张建军专访 / 155

　　20年来，广州软件业风起云涌，涌现出一批名牌企业，产业规模从2000年的30亿元猛增至2020年的4940亿元，增长160多倍，成为支撑广州经济转型升级的重要生力军。张建军见证了天维信息的一路成长与蜕变，与他的一番深入交流，让我们从另一个角度更深入了解到天维信息发展路径的独特之处。

做好一份技术，支撑九份业务
　　——潘茂林专访 / 160

　　作为信息技术专家、天维信息的"老朋友"，他对天维信息的"产品化之路"有着更为深刻的理解。他认为，产品化之路，一定不是追求大而全的软件功能、设计通用的业务模块、运用高深的技术，而是理解客户的业务差异，积累业务知识，给出精准的解决方案。

第五部分
特别收录

进一步用好绩效管理系统 / 胥刚 / 171

第一部分

绩效管理有点难，
不去管理会更难

"个人价值管理"是精细化管理的核心

——邹平座专访

在中国整个经济体系中,银行业发挥了怎样的作用?中国各类银行的定位与价值如何区分?精细化管理的核心和未来的主要方向是什么?商业银行如何走出一条适合自己的数字化管理之路?

中国人民银行金融研究所研究员邹平座从全球视野、商业银行改革与转型历程、银行业未来面临的机遇与挑战等多个维度,深入分析、探讨了银行业的发展趋势,提出未来商业银行精细化管理的核心是"个人价值管理",绩效管理的核心是"数字化管理"。

记者:您如何看待银行业在整个经济体系中的地位与重要性?

邹平座:中国的金融改革,尤其是银行业改革取得了巨大的成功,这主要得益于中央稳健的货币政策。中国银行业的总资产已超过300万亿元,居全球第一位,大约是美国银行业资产规模的2.5倍,全球的四大银行也都在中国。

我们可以与俄罗斯做个比较,俄罗斯的金融改革没有重视稳定的货币政策,采取了一些非常规的、颠覆式的手段,结果导致卢布从改革初期到现在大约贬值了17万倍,进而导致俄罗斯的银行体系和发展水平在世界上远远落后,甚至赶不上我国广东这一个省的银行业发展水平。所以,中国银行业的改革发展得益于中央稳健的货币政策,得益于中国改革的稳健性。

中国银行业的改革,总体上是根据中央的安排稳步推进的。判断中国银行业的好坏,关键看它能不能够服务于实体经济。中国庞大的金融体系有力地支持了国家经济的发展，主要表现在三个方面。一是在国际竞争当中，中国的各大银行在全世界支持中国的贸易发展。各大银行纷纷走出国门，在海外建立分支机构，对中国金融业在全世界的均衡发挥了重要作用，对人民币"走出去"发挥了重大作用。二是中国的银行业在支持中央企业和国有企业的同时，下大力度扶持中小企业和民营企业，对中国经济结构的优化起到了重要的作用。央企与国企实际上是中国经济的中流砥柱，对内发挥着防范风险的功能，对外有参与全球竞争的优势。央企与国企的这种价值链是一种超级价值链，是西方所不具备的，所以它在资源整合上拥有优势。三是中国银行业效率不断提高，在若干次重大国际金融风险中，能够使中国经济化危为机。总体来看，中国银行业在经济效率、结构、安全和发展等方面都起到了中流砥柱的作用，可以说，没有中国银行业改制的成功，就没有中国金融改革的成果。

2020年以来，新冠肺炎疫情（后简称"疫情"）对全球经济造成了巨大冲击，中国经济能够迅速恢复，实现外贸和GDP的正增长，在全世界大经济体中表现突出，与中国银行业及时向实体经济"供血"密不可分。如果没有这种庞大金融体系的支持，我们很难在短期内调动资金，使国家迅速恢复"元气"。

此外，中国银行业尤其是城市商业银行（后简称"城商行"）、农村商业银行（后简称"农商行"）都在精准扶贫、乡村振兴等方面做了大量的工作。比如，安徽亳州药都农商行在支持乡村振兴方面就发挥了很重要的作用。安徽亳州药都农商行通过普惠金融使农民得到资金保障，帮助他们把生产出来的中药材销售到市场如城市去，实现了城乡一体化中要素的双向流动。又如，江西赣州农商行结合党建将各种数字化、信用信息化技术应用到助力乡村振兴的事业中，树起了一面旗帜。面向未来，这种推动中国经济（包括银行业）持续发展的红色基因，是非常重要的。

在打赢"三大攻坚战"方面，中国银行业除了积极推进精准扶贫之外，还及时防范化解重大风险、排除金融"地雷"，特别是对P2P公司等金融乱象的大力整治，有效规避了一些重大金融风险。在国家稳健的货币政策和宏观审慎政策"双支柱"调控框架背景下，我国既保持了货币的币值稳定、促进了经济的发展和增加了就业，又消除了金融风险，取得了防范化解重大金融风险攻坚战的圆满胜利。在打赢污染防治攻坚战方面，中央银行提倡绿色金融发展，支持环保产业、绿色产业、绿色实体的发展，支持美丽中国建设。近年来，国内各大银行也在绿色金融方面做了很多工作，取得了很好的成绩。可以说，中国银行业在支持国家经济发展方面，发挥了重要的金融血脉作用。

记者：中国有多种类别的银行，如股份制、城商行、农商行等，您如何看待当今形式下，各类银行的定位与价值？

邹平座：从全世界来看，中国的银行体系是最完整的，并且各自的功能都很明确。国家经济的全面发展与我国银行的专业化分类、专业完整性高度相关，可以说是得益于这种良好的银行生态。

现在来看，中国的国有银行股份制改造取得了成功。股份制改造，使几大国有银行一举成为全球银行业的翘楚，并建立了一整套现代化的银行管理体制。更重要的是，各大国有商业银行已经开始向数字化和信息化转型。各大银行现在都在积极地进行金融再造（restructure rebuild），纷纷与百度、阿里、腾讯、京东等合作。最典型的就是平安银行建立了自己的科技金融部门，开发平安一账通。这些都是非常了不起的创新。

股份制银行，特别是几大国有银行、国有控股银行的发展空间，因为数字化得到进一步拓宽，市盈率会逐步提高，投资价值也会进一步凸显。我国各大银行在数字化转型方面并没有落后于西方国家，最早的网上银行就是中国工商银行研发出来的，网上银行之后又开始探讨银行的信息化和数字化转型。因此，我国各大国有商业银行的发展前景很好，未来它们会向实体化、数字化、信息化转型，逐步建立起现代化的金融体系。

具体到城商行，其定位是向现代化商业银行转变。完善科学的治理体系，最重要的是向信息化、数字化转型，并进行系统性、差别化营销。

首先，中国经济未来的发展一定是"多点开花"，在西安是西安的特色，在东北城市又是东北城市的特色，每个地区都要充分发挥各自的优势。城商行立足的城市不同，一定要通过差异化营销来抓住各个城市独特的区位优势，如产业、人群、品牌、产品等，把城市品牌做成城商行自己的品牌，在支持地方经济发展和区域均衡上发挥重要作用。

其次，城商行未来在配套产业政策、服务地方经济方面的空间很大，但也要兼顾到乡村振兴，抓住《中华人民共和国乡村振兴促进法》（后简称《乡村振兴促进法》）实施的机遇，对相关企业、自然人等助力乡村振兴优势产业的投资项目给予大力支持。

再次，城商行要配合好智慧城市、智慧政府、智慧社区的建设，加大供应链金融、价值链金融、区块链金融、数字金融的发展，特别是注重数字化方面的发展。要把数字作为一种资产来管理，利用自身的优势，迅速地归集地方数据如地方的消费数据、投资数据和经济数据等，形成资产，并与现有的金融体系糅合。

最后，城商行的比较优势是亲和力、地方化、人脉广、场景化好，要找到与大银行竞争的差异化优势，创造产品差异化优势，并进行差别化定价。同时，也要建立差异化的研发体系，通过差异化的技术创新，更好地为地方经济发展的智慧化、数字化转型服务。在具体的管理应用上，城商行的数字化转型需要和大型的科技公司合作，并建立自己的系统和数据资源。

总体来看，城商行的发展空间取决于城市的功能和定位。现在我们对存款区域进行了一些界定，就是要求各个城商行立足自身区域，做好金融深化、金融数字化转型、供应链金融服务等方面的工作，不能再像过去那样野蛮竞争，互相"争抢地盘""争抢存款"。

农商行在精准扶贫、乡村振兴和农业现代化方面都发挥了重要作用。未来，农商行的战略定位是要抓住乡村振兴和城乡一体化发展的历史机遇。

第一，农商行在发展战略上要抓住原有客户的特点，加强为客户提供智能化、信息化、便捷化的金融服务。

第二，打造供应链金融系统，助力农村产品走向全国乃至全球。这方面要按照银保监会倡导的"供应链+区块链"的模式，根据地方特色创新出各自适合的模式。

第三，在数字化转型方面，利用现有技术，加强对农村经济数据的归集、管理和应用，将其变为农村的数字资产，发展数字金融。

第四，在乡村振兴方面，要抓住现代化农业，按照《乡村振兴促进法》中要求的若干方面进行配套。乡村振兴是未来农村金融发展的一个重要出发点，也是未来中国经济的一个增长亮点。将来我们会看到很多从事旅游业、现代化农业特色产品的，当然这里面需要严格设立门槛、评估机制，杜绝"圈地"。另外，随着中国第二次农村改革的启动，中国农村将走向现代化、集约化、生态化。可以预见，养老产业、健康产业、旅游产业、现代农业产业、高科技农业、现代化农业等会逐步进入农村，打通城乡之间的资金通道，这就为农信系统的发展引来了大量的资金，所以这是一次很好的发展机遇。农商行一定要重视这个机遇，认真研究《乡村振兴促进法》和相关的配套政策，探索总结出最优的模式和策略。

需要特别指出的是，农商行一定要关注数字金融在农村的延伸，尽早向数字化转型，归集、管理并运用好农村的数据，形成数字资产。未来，农村经济数据的数字化、资产化运营，将是农商行的优势所在，一定要主动对农村经济数据进行归集、合并、管理，形成数字资产。农商行如果不抢占数字资产，就会被其他平台抢占。将来，农村的这种数字资产可以用来交易：农民将自己的数字资产交给农商行托管，数字资产获取的收益一部分留给农商行，另一部分返利给农民。

记者：银行业为什么要重视数字化转型和数字化管理？

邹平座：我们知道，美国的银行业正在走向数字化。2020年10月，美国证券交易委员会（SEC）主席杰伊·克莱顿（Jay Clayton）曾表示："与20年前相比，今天的所有股票交易都是电子的。过去有股票证书，而今天有代表股票的数字代码，而所有这些很可能都将被通证化。"美国的证券通证化转型已经开始，股份制转让也将通证化，股票最终会变成通证。2021年4月，美国最大加密货币交易所比特币公司（Coinbase）在纳斯达克上市。据了解，Coinbase目前在一些关键数据方面，已经超过了美国主流的交易所，未来很有可能会取代纳斯达克证券交易所。事实上，美国的银行业并不是被削弱了，而是在加速向数字化转型。

中国银行业的总资产目前是美国银行业资产规模的2.5倍。从资产规模来看，我们似乎已经是世界第一大金融帝国，但是美国的金融早就直接化、数字化了，如果不引起重视，中国在这方面就会落后。

美国现在主要融资正转向债券市场，以区块链为代表的债务发行已经超过了纳斯达克证券交易所的交易总量。这里要注意"债务价值链"这个概念，企业的债务价值等于企业价值减去所有者权益，它是通过区块链上传凭据，加上去信任机制来完成征信，然后由企业发行区块链债券或区块链股票，再由企业、银行、个人到区块链上购买。在这种模式下，融资主体的主动方转向企业，这是服务实体经济的一个重要手段。银行转型过程中要面对这个问题。未来银行发展的大趋势就是银行的数字化、直接金融化和实体化，将来要重视供应链金融、价值链金融、区块链金融、大数据金融等。

数字化转型，是金融尤其是银行业下一步发展的主题，不管我们国家如何监管，有何种导向，这种趋势在全世界已经发生，如果中国不去探索、"抢滩"，那么美国就可能会发展出新的美元体系——全球数字美元体系。美国的证券、债券包括数字货币都在向区块链、通证化转型。另外，美国证券交易委员会主席提到的"通证制"取代"股份制"，将是人类历史的重大变革。这种变革一旦完成，意味着未来不再是只有股东才能参与分配，企业员工甚至包括客户、消费者，只要拥有通证就能参与分配。这种通证，是区块链上一个客观的、可追溯的、不可篡改的原值，与公司核心利益挂钩，体现的是人对公司的贡献度，也就是价值。美国的通证制改革已经全面启动，在这方面我们国家已经有所落后。我们为了保持金融的稳定采取了更严格的监管措施,但也一定要重视金融先进性的发展。

中国银行业一定要看到科技发展带来的变革与趋势。目前,数字化管理在银行体系、资本市场、债券市场的应用发展非常迅速,且规模飞速扩大。我们追求稳定,但不能回避创新、回避竞争,只有技术更先进,才能实现整个金融系统可持续的稳定。

记者: 科技金融的发展经历了哪些阶段? 分别有什么特点?

邹平座: 科技金融的发展,会拓展银行业发展的空间。科技金融的四个版本,可以让各大银行包括中小银行明晰未来的转型方向。

科技金融1.0版本是指金融科技+传统金融,例如最早的网上银行、手机银行等。

科技金融2.0版本主要是指金融科技+金融再造。金融科技公司与大银行合作或重组,进行业务上的相互外包与反外包。这里"金融再造"的核心含义是业务相互外包,在保留核心价值结构以后发挥各自的资源与技术、竞争优势,实现用技术管理银行,用银行管理技术。中国的银行业正经历新一轮的变革,通过金融再造,各大银行的市盈率有望进一步提高,金融改革的深度和广度也会进一步扩大,银行将通过供应链金融、大数据金融、区块链金融深入到实体中,真正为实体经济服务。

科技金融3.0版本的主要特征是金融科技+财务(去中介,金融与实体一元化)。最典型的案例就是美国的银行。美国的银行正深入到实体中,形成各种金融集团。美国银行业总资产只有中国银行业总资产的五分之二,与其科技金融3.0的模式密不可分。且美国企业直接融资比例较高,企业通过债券形式进行融资,与银行的关系就疏离了。近几年,数字经济的发展,特别是区块链去信用化机制在债券融资和资本市场融资的迅速发展应用,加速了科技金融3.0的进程。3.0版本下,企业可以做金融,这对制造业的发展来说至关重要。这种嵌入式的科技金融3.0版本对于制造业和乡村振兴来说都非常重要。制造业嵌入式金融的核心就是去中介化,比如把制造业的产品变成租赁产品，使企业进入产业链的高端，将制造业产品与金融产品相结合，提高盈利能力。产业链金融、供应链金融、价值链金融都能为制造业赋能。现在全球银行业的间接融资在逐年下降，美国银行体系的总资产之所以这么低，就是因为它已经转向数字化、直接化，转向以企业财务为核心的金融运作系统，这是很多人还没有意识到的。3.0 版本下，要求银行通过产业链金融、供应链金融、数字金融，沉入到实体经济当中去，从而真正地、更好地服务于实体经济。当然，这并不会让银行消失，而是会加快银行的转型。未来银行经营的资产形式、金融工具等都会发生非常大的变化，如果不能尽快适应、顺应这种变化，就会面临被淘汰的危险。

科技金融 4.0 版本主要特征是金融科技 + 数字经济，也就是去信用货币化。在全世界范围内，传统货币向数字货币转型是大势所趋，美国已经成为这方面的"领头羊"。在 2020 年 10 月举行的"数字资产创新与监管"网络研讨会上，美国证券交易委员会主席非常看好区块链技术，并认为所有股票都终将被通证化。但科技金融 4.0 版本的核心并不是取消货币，而是使商品货币、信用货币最终回归到价值货币的本质，这里所谓的价值主要是指"人的价值 + 区块链"。区块链出现以后，以太坊（Ethereum）创新了基于区块链技术的价值核算、管理、交易手段。这种分布式的超级账户，为价值革命提供了基于数字经济的基础设施。而"区块链 + 人的价值"的价值链将是区块链革命的目标和使命。价值链是区块链的进化，将区块链的"哈希算法"转化为"纳什均衡算法"。至此，价值链将成为划时代的专有名词，成为一种基础设施，创新出公有链，而其通证就是人的价值凭证——未来的世界数字货币。

从世界贸易模式的变迁来看，从最初的物物交换，最后还会回归到易货贸易。现在全球易货贸易增长很快，2020 年是 4.2 万亿美元，2021 年是 4.9 万亿美元，有人预测到 2022 年会增长到 8.3 万亿美元。每年全球易货贸易的增长速度大概在 30%，远远超过世界经济贸易增长速度。易货贸易实际上就是一个去货币化的过程，未来会产生智能化、大数据的易货贸易系统。去货币化本质上是去金融化的一个过程，这与全球货币动荡和数字货币加速发展关系密切。未来，货币和金融作为发现信息和配置资源、商品的工具，在职能上会发生一些变化。近年来的多次重大危机表明，金融已经过度虚拟化、泡沫化，不再为实体经济服务，变成了一种"赌博"。只有为实体经济服务、能够创造价值的金融才是有效的金融，但现在金融市场上大量的交易已经不再创造价值。例如，衍生交易原本是为了规避风险和发现逾期，但现在这种功能也开始背离初衷，成为制造危机的根源之一。只有当金融回到价值本位时，金融活动创造出价值，银行业才会有更好的发展。

记者：您怎样看待银行业未来面临的风险、挑战与机遇？

邹平座：从国际大趋势来看，银行业从 1.0 到 4.0 转型过程中，整个银行业占全球金融业的比例在下降，间接金融向直接金融、数字金融转型加快。我们看到，美国的金融数字化转型已经全面启动，出台若干的法律和法案，将金融数字化转型上升到政府和国家的整体战略并加速推进。在这方面，中国短期内还能应付，但从长期来看，谁转型得快谁就会赢得机遇；相反，如果不及时转型就会被淘汰。

未来的银行是科技为王、服务为王、人才为王，要把科技放在第一位。如果不能面对这些挑战，资产质量会逐步恶化，会产生巨大的金融风险，毫无疑问将被市场淘汰。

在国际方面，美联储发行货币以后，全球的货币和贸易战、新冠肺炎疫情等都为未来的经济埋下重大的不确定性，这些不确定性可能随时导致系统性的金融风险。

中国政府的债务风险是可控的，但是要防止系统性的政府债务风险发生，特别是与腐败结合的风险发生，避免招致巨大损失。

另外，还要重点关注信用卡和民间消费信贷的风险。家庭负债的急剧上升，再加上疫情影响下中小企业和家庭居民收入的下降，导致中国存在较大的信用卡和消费信贷方面的支付风险，所以各大银行要强化在消费信贷、信用卡消费分期、多头借贷等方面的管理。

尤其应格外注意网贷。中国各大银行都拥有自己的数据库和征信系统，但网贷公司没有这样的系统，很容易发生风险。另外，中国存在大量"僵尸企业""僵尸资金""僵尸资产"，如果这些问题在银行业积累起来，风险就会加大，因此要注意盘活资产、防范风险、提高效率。此外，还要加强对房地产的风险控制与管理，特别对于一些经济不发达城市，要防范房贷风险。

机遇方面，随着我国乡村振兴局的成立及《乡村振兴促进法》的颁布，包括城商行和农商行在内的中国银行业将迎来更大的发展空间，势必对农业农村的繁荣发展起到积极的推动作用。

《乡村振兴促进法》的颁布在推进乡村振兴、美丽乡村、乡村资源利用、城乡一体化等方面，为未来中国的农业农村发展打开了广阔空间。过去，资金城乡断流，城里人只能在城里投资，城里的资金进不了农村，现在允许办一些实体性的农场，允许大型的企业例如旅游企业、养老企业、农业龙头企业进驻到农村去，进行土地方面的改革，提高土地的使用效率。但是它也是有门槛的，并不是谁想去都能去，比如投资旅游，一定要有实体，要有一定的投资密度和技术保障，还要有政府有关部门的评估和准入。未来这一领域的发展空间会很大。

记者： 在银行各项发展趋势中，您如何看待精细化管理的含义与必要性？

邹平座： 未来，精细化管理的主要方向就是数字化管理、数字化转型、信息化管理、信息化转型、智能化管理、智能化转型。精细化管理是指对银行价值函数的有效化管理，侧重于四个方面：

第一就是发展目标。没有发展就没有风险、没有风控，不发展就会被淘汰。

第二就是要优化结构。在结构上要高度关注资产负债结构、人员结构、所管理的企业结构以及存贷款的结构，向着有发展前景的、符合国家政策的实体经济倾斜。

第三是风险管理目标。要建立大数据、智能化、数字化的风险控制模型和管理模式，改变原来一些传统的风险管理模式，在中央监管机构监管框架内充分运用大数据、区块链、人工智能等信息化技术手段来控制风险。要发挥各个银行的比较优势，从而提高效率。

第四是在管理当中，要重视人的价值。要建立具有自己特色的、符合自己实际情况的个人价值管理模型，使"职、权、利"能够对称，最大限度地调动科技人员、业务骨干的积极性，推行现代化数字管理模式。在人的价值管理上，银行有很多管理模式，但是数字化管理是未来的方向，要建立数字化模型。一个企业、一个银行最终的胜算是精细化管理当中的算法技术。比如，用什么样的发展模型、使用什么样的中间函数、达到什么样的目标等都有完整的算法，这个在 Excel 表格里面就可以建模，建模以后再把各个变量放进去考量。

记者：在精细化管理中，您如何看待绩效管理？或者说，您认为绩效管理与银行各项工作（如产品、财务、人力资源、组织培训、营销等）的关系是怎样的？

邹平座：其实，绩效管理是一个银行管理的目标函数，要从"利润管理"转向"价值管理"，从"传统管理模式"转向"数字化管理模式"，要将现代互联网技术和数学技术充分应用于精细化管理之中。比如，区块链管理、大数据管理、人工智能管理、数字化管理，使产品、财务、人力资源、组织培训、营销集中于一个统一的模型和算法当中。这个算法必须是扩散的，能推动银行精细化管理的数字化转型和现代化转型。例如，算法中的纳什均衡等博弈论，可以直接用于银行的精细化管理。

未来，人工智能和大数据的基本算法就是纳什算法。管理模型是"人的价值＋区块链＋纳什算法"，以价值链为主体来管理人的价值，提高对人的管理和分配的绩效。其实每个银行在精细化管理中都有自己的价值函数，而且各个地点、区位、长期发展历史的不同，价值函数也是不同的。但是总的来说，一个银行的价值是所有员工和管理者的个人价值的复合函数，也是一种个人价值函数的集合。个人绩效管理的核心，就是求解银行价值函数的价值最大化，不但要使管理者、技术人员的价值最大化，而且要使互相的协作与配合实现"1+1>2"的功能，这就是组织和分工的效率问题。

我参加过几次天维信息的会议，受益匪浅。天维信息最主要的一个贡献就是能帮助银行通过绩效管理和精细化管理，实现价值最大化的目标。天维信息还通过举办各种论坛的形式，使各个银行能够互相学习和借鉴价值管理模型，对中国银行业管理的进步也起到了很好的推动作用。

与此同时，天维信息也创新了很多绩效管理模式，在总结历史经验的基础上，用现代技术创新管理模式和管理模型，差别化地制定各个银行的绩效管理策略，进行精细化的分工定位，充分发挥个人的积极性和个人的比较优势，最大化地提高银行效率。

未来，银行精细化管理的核心是个人的价值管理，要加强个人在技术培训、协作方面的工作力度。更重要的是，要加强对银行价值函数模型的计算和创新。银行的价值函数是以银行的价值目标为变量、以每个人为自变量的一个矩阵函数，它不但取决于个人价值的大小，也取决于整体协作所创造的效率高低。

价值函数有线型的，有正弦余弦曲线型的，也有正态分布型、几何技术型的，在数字经济情况下，需要构建几何技术的交流方式，实现跨越式发展。但是，同时也要追求稳健发展。精细化管理向数字化转型是银行历史发展的必然，也是精细化管理未来的方向定位。小型银行特别是农商行和城商行要高度关注精细化管理，从自身历史发展的回归中找到经验、从地方经济的特色中找到亮点、从科技发展当中找到竞争力、从人的价值管理当中找到最大化价值，实现稳定、高效、安全的发展。

既要关注传统的管理模式、关注监管的合规性，也要学会如何在框架下进行创新。各个银行只有"百花齐放",找到自己的价值管理的亮点,中国的银行业才会实现一个新的升级。

所谓"一花独放不是春",我希望中国的银行业将来能够"百花齐放",打造出各自的亮点、实现各自的价值,唯有如此,中国的经济才能发展得更好、更稳,变得更强!

未来留给农商行的"待解之题"

——刘小萃专访

农商行(含农村信用社、农村合作银行)——这个体量大、网点密、员工多、根脉深的农村金融机构体系,在前所未有的变革与挑战面前,努力地寻找着适合自己的发展模式和创新之路。

近两年,这个体量庞大的金融体系,在抗击新冠肺炎疫情、股份制改革、大零售转型、数字化转型、助力脱贫攻坚等各个方面都卓有成效,承担了重要的社会责任,显现出强大的改革魄力。

然而,以农商行为代表的农村中小银行所面临的激荡与艰辛,还是超出了很多人的预期。《中华合作时报·农村金融》主编刘小萃认为,时至今日,仍然有很多未解之题留给了砥砺前行中的农商行。这些未解之题的破解,直接决定了未来农商行转型发展的方向和趋势。

记者:省级农村信用社联合社(后简称"省联社")改革一直悬而未决,之前监管层也出台过文件加以推动,您认为省联社何时可以破题?在推动省联社改革中,应重点关注哪些方面?

刘小萃:省联社改革牵扯到农村信用社(后简称"农信社")体制机制的根本性变革,可谓全国农信社系统最为重要的一件大事,没有"之一"。

2020年,本该是"省联社改革"的破题之年。然而,改革的复杂性与疫情影响的不确定性,在这一年交织叠加、相互影响,直接后果就是让这场本就命运多舛的改革,变得更加扑朔迷离、悬而未决。

改革被再次按下"暂停键",答案继续"击鼓传花",2021年能否见分晓？悬在半空中的"另一只靴子"是否落地？尚不得而知。

2020年4月，中国银保监会向各省政府发出一份名为《深化农村信用社改革实施意见》的重要文件，在这份关于省联社改革的文件中，金融控股公司、联合银行、联盟、金融服务公司、现有省联社模式等被确定为此轮省联社改革的五大模式，供各省政府和省级联社自行选择、自报方案。据了解，文件发出后，有近20家省级联社先后递交了改革方案。但截至2020年9月，这些方案并未得到批复。

目前关于省联社改革的最新官方消息，来自2021年7月14日在中华人民共和国国务院新闻办公室举行的"2021年上半年银行业保险业运行发展情况"新闻发布会。银保监会政策研究局负责人叶燕斐在这次新闻发布会上披露，截至目前，大多数省区已经报送了深化改革的方案，银保监会对各省区报送的方案进行了认真梳理，并进行了多种形式的调研、座谈，积极配合相关省区修改完善方案。她说，下一步，银保监会将充分考虑各省区的实际情况，尊重地方党委政府的合理意愿，实事求是、因地制宜探索改革的不同模式，概括起来就是实事求是、因地制宜探索省联社改革。

自2003年新一轮农信社改革启动以来，经过17年改革发展，农信社取得了显著改革成效，但发展中仍存在诸多难以消除的现实问题，需要从体制机制上加以解决。业内非常期待高层针对农信社改革，做出一个更科学完备的顶层设计。

因此，监管层应该下更大的决心、以更大的魄力去推动农信社改革。只有消除体制机制上的束缚，用科学有效的机制去真正释放他们的活力、引导合规发展，才能让农信社、农商行实现良性发展，进而真正有力地推动普惠金融的发展。

记者：关于农信社改革，除了省联社改革是重中之重，股份制改革同样非常关键。据您判断，今后的农信社股份制改革会遇到哪些困难？能否如期顺利完成？

刘小萃：早在 2011 年，"用 5 年时间全面完成农信社股份制改革"就已经是监管层提出的重要工作目标。转眼十年过去了，这期间先后有十多个省份公开了"农信社改制时间表"。大部分省份将这项工作的完成时间定在了 2018 年至 2020 年，其中又以"2018 年年底"居多。

然而，时至今日，全国仅有安徽、湖北、江苏、山东、江西、湖南、广东、青海 8 个省份的农信机构全部改制为农商行。在大部分省份，这项工作进展缓慢、推动困难，部分地区的改制效果不尽如人意。

在一些省份，农信社改制工作直接被命名为"农信社改制化险攻坚战"，或被称为"难啃的'硬骨头'"，足以看出这项工作的复杂性和艰巨性。特别是近两年，受经济下行、互联网金融竞争和疫情冲击等多重因素影响，原本就困难重重的农信社改制工作变得越发艰难。

农信社改制中存在诸多难题。比较突出的问题有：资本金缺口大、优质投资者少、核心监管指标难以达标、资产质量差、风险化解难度大和贷款结构不合格等。这还只是"硬"指标上的一系列问题。"软"实力方面，农信社与股份制商业银行的差距同样不可回避，比如法人治理不完善、内部人控制、员工结构老龄化、经营思想固化、合规意识较弱等。

如何破解这些难题？"广东模式"受到业界广泛关注。到 2020 年，历经 3 年艰苦努力的"广东农信"64 家农信社完成了改制工作，广东也成为这一年中完成农信社改制的两个新增省份中的一个（另一个是青海省）。3 年间，"广东农信"清收压降不良贷款超 600 亿元，化解风险包袱超 900 亿元，补充资本超过 150 亿元，探索形成农信社改革中独具特色的"广东模式"，以"广东速度"为全国农信社改革积累了宝贵经验，这一模式受到了监管层的高度肯定。

股份制改革，并不是农信社改革的唯一出路，然而要想走上良性发展的道路，改制中面临的种种问题，却是农信社亟须解决的现实难题。我们期待，能有更多省份可以完成农信社股份制改革工作，能有更多农信社可以摆脱困境，向着现代银行稳步迈进。

记者：前不久，浙江省内的瑞丰银行敲钟上市，农商行上市进程有所提速。您对未来农商行上市进程有怎样的预测？农商行上市提速，会对其改革发展带来哪些影响？

刘小萃：近几年，农商行上市节奏加快、稳步前行，但进入 2020 年，农商行持续加速的上市步调突然慢了下来。到 2020 年末，农商行上市进程又出现"回暖"迹象。2020 年 11 月 26 日，上海农商银行 A 股 IPO 顺利通过发审会，是 2020 年唯一一家通过发审会的农商行。

2021 年 6 月 25 日，瑞丰银行正式登陆上海证券交易所主板，浙江迎来首家上市农商银行。这也是时隔近两年后，农商行再次迎来上市良机。瑞丰银行的成功上市，使得全国上市农商银行增加到 11 家。

证监会最新披露的 A 股首发申请企业情况显示，目前仍有 8 家农商行在 A 股 IPO 候场，分别为厦门农商银行、亳州药都农商银行、海安农商银行、昆山农商银行、大丰农商银行、马鞍山农商银行、南海农商银行和顺德农商银行，未来上市农商行队伍仍有望持续扩大。

2021 年 9 月，全国已有 9 家农商行于 A 股成功上市，分别为瑞丰银行、重庆农商银行、青岛农商银行、紫金农商银行、常熟农商银行、无锡农商银行、苏州农商银行、江阴农商银行和张家港农商银行。另有广州农商银行及九台农商银行已于 H 股上市，而重庆农商银行更是实现了 A + H 股上市。

农商行上市主要是为了补充资本金，同时还可以有效提升品牌形象，还能通过引入外部约束机制，促进公司治理更加完善。上市，一直被视为农商行快速补充资本金、实现跨越式发展的重要途径。

关于上市的利与弊，业内一直存有争议。不少人认为农商行上市会增大盈利冲动，削弱"支农支小支实"意愿。农商行虽为商业银行，却承担着大量的政策性金融机构的职责，过度商业化会影响农商行服务"三农"的积极性和成效。我个人认为，是否上市还是要根据农商行所处的竞争环境、市场环境、经济发展现状、经营状况等多重因素综合考量，因社制宜，不能一概而论，农商行上市没有绝对的利与弊、对与错。

下一步，农商行上市进程能否恢复到之前的速度？迈向现代银行的步伐能否加快？业内拭目以待。

记者：最近，全国各地中小农商行合并重组的情况越来越多，这是否会成为一种新常态？您怎么看待这一现象？

刘小萃：2021年6月28日，绵阳农商银行召开创立大会，这家农商行由绵阳涪城农信联社、游仙农信联社、安州农商银行三家金融机构合并组建。6月30日，由乐山三江农商银行、五通桥农信联社、沙湾农信联社和金口河农信联社合并组建的乐山农商银行，获得四川银保监局筹建批复。7月12日，黑龙江银保监局批准哈尔滨市呼兰区、阿城区、双城区三家农信联社合并组建哈尔滨联合农商银行。

近两年，中小农商行合并重组的消息不断传来。

在安徽，2020年9月28日，由徐州铜山农商银行、淮海农商银行、彭城农商银行三家农商银行合并组建的徐州农商银行挂牌开业。

在广东，2019年8月，佛山农商银行吸收合并广东高明农商银行、佛山市三水区农信联社，成立"新佛山农商银行"。2020年2月27日，由广东高要农商银行、肇庆端州农商银行和肇庆市鼎湖区农信联社三家银行合并组建的肇庆农商银行挂牌开业。

在陕西，2020年12月22日，由榆阳农商银行和横山农商银行合并组建的榆林农商银行挂牌开业。

在河南，2019年10月，在原郑州市市郊农村信用合作联社、郑州市市区农村信用合作联社基础上合并组建的郑州农商银行挂牌开业。三门峡湖滨农商银行、三门峡陕州农商银行拟合并组建三门峡农商银行。

这一系列现象，并非偶然。

2020年7月，中国人民银行党委书记、中国银保监会主席郭树清在署名文章中提出"深化中小金融机构改革，必然进行许多兼并重组"。

《2020年度中国银行业发展报告》也指出，未来，中小银行的改革重组力度会进一步加大,将通过直接注资重组、引进新的战略投资者等多种方式加快改革重组。

业内专家认为,为提升农信机构规模效应和抗风险能力,对东北和中西部地区规模较小的农信机构,应鼓励其在市场化的基础上进行合并重组,并适当组建地市级农商行。中小农商行通过市场化的兼并重组,有助于理顺其股权混乱等方面的历史遗留问题、加快处置不良资产,同时,也有助于盘活银行内部资产、增厚银行资本金、提高中小农商行的竞争能力。

央行在2020年下半年工作会议上明确提出,支持地方政府以化解区域性金融风险为目标,量力而行,深化农村金融机构市场化改革。可以预见,随着地方法人机构补充资本、防控和处置风险压力不断加大,未来,必将会有更多中小农商行以合并重组的方式探路改革,同时迎来新的发展机遇。

记者: 这几年,银行发展面临严峻挑战,受经济下行、疫情暴发、互联网金融冲击等多重因素影响,您认为农商行的盈利能力是否会受到较大冲击?如何有效解决这个问题?

刘小萃: 的确如此。农商行目前正在遭遇盈利能力的重大挑战,特别是那些拨备覆盖率低、财务积累少、底子薄的农商行,受到的盈利冲击更大。

疫情下,银行资产质量不确定性较大,风险逐渐暴露,实体经济发展受冲击,随之而来的就是各种违约风险上升。农商行地域特性明显,贷款等业务单一集中,客户主体是中小企业和民营企业,因此也容易受当地产业结构的影响。

疫情来袭,农商行利差逐步收窄、中间业务收入减少、拨备压力加大,再加上为中小企业降息减费的政策要求,这些因素都对农商行的盈利能力提出挑战。

2020年5月,中国人民银行研究局课题组在《中国金融》发表署名文章指出,随着实体经济困难向金融领域传导的滞后效应逐渐显现,以及一些政策因素的影响,银行后期不良贷款处置和资本消耗压力明显加大,银行利润增速可能下滑，不排除年内出现零增长或负增长的可能。

在目前这种现实情况下，农商行要着眼长远，让利不让市场，保持战略定力。同时，花大力气培育未来的盈利客户。坚持"大零售"战略方向，用耐心和恒心发展个人小贷业务，做实零售客户基础。

鉴于疫情影响在短期内不会完全结束，疫情还处于经常反复的状态中，相较于2020年的措手不及，未来农商行要做好更加充分的准备，练好"内功"、加强风控、做实基础性经营管理工作、布局数字化转型，在应对新的变化与挑战中，抢抓新的发展机遇。

记者：随着互联网金融的冲击和大行下沉服务力度的不断增强，数字化转型成为近几年农商行关注的转型方向，对于包袱重、体量小、基础差的农商行，数字化转型能否取得重大突破？又该如何找到适合自身实际的转型路径？

刘小萃：金融科技是金融业转型发展的关键变量。在2020年的疫情防控中，不少农信机构在其手机银行App最显眼的位置开设"抗击疫情服务专区"，推出医疗咨询、口罩预约以及线上捐款等服务，同时利用金融科技为客户提供"非接触金融服务"，突出金融服务的便捷与高效，充分彰显了科技的作用。

"银行不再是一个地方，而是一种行为"的理念被业内广泛认可。在过去的2020年中，农商行积极尝试把服务融入社会生产生活的方方面面，随时、随地满足用户的金融服务与非金融服务需求。与老百姓的衣食住行等生活场景无缝融合，扩大了金融服务的触达能力，充分满足了客户对高频次场景金融的需求。比如，在创新支付领域，不少农商行探索应用指纹、声波、虹膜、人脸等生物识别技术，让客户享受到更为智能化、无感化的支付服务，让银行服务触手可及。

虽然科技创新亮点颇多，但大部分农信机构仍然存在过度依赖线下、线上业务能力弱、核心客户老龄化等问题，经此一"疫"，农商行在金融科技方面的短板暴露出来，潜在的危机也充分显现。

对于理念、资金、人才都相对匮乏的农商行而言，"科技强行"之路究竟该如何走？数字化转型如何取长补短、因地制宜？省级联社又该如何发挥好"科技平台"的支撑作用？这些问题都有待农商行未来做出更多的探索、给出更好的答案。

我个人认为，农商行能否在金融科技浪潮中赢得先机，关键要看"大平台＋小法人"的体制机制优势能否发挥出来。未来，有可能会出现两个极端：如果这个体制机制优势发挥得好，将会产生巨大的耦合效应，有力地推动农商行的科技创新步伐；如果这个体制机制优势没有发挥好，势必会严重拖累农商行应对金融科技挑战的能力，进而让农商行在这场残酷的竞赛中越来越力不从心。

记者：以农商行为代表的农村中小银行，在体制机制、政策性金融服务、历史包袱、区域经济影响等方面，都和国有大银行、股份制商业银行相差较大，"差异化监管"是这类机构普遍关注的话题，未来监管层在这个问题上能否有更多突破？您有什么具体建议？

刘小萃："差异化监管"一直是农商行普遍关注的焦点话题，这个话题之所以会引发农商行热议，主要有两个方面的原因。

一方面，在"强监管"态势下，农商行感受到了前所未有的经营压力，频繁"吃"罚单让农商行感到强烈不适。

另一方面，农商行与监管层对这个问题的认知存在一定偏差。监管层强调的是针对不同金融机构形成分层、分业和分类监管，包括优质农商行与偏弱农商行、县域农商行与城区农商行的监管差异化。农商行则对监管的松紧度、容忍度更为敏感，特别是会与大中银行监管程度相对比。

两者的出发点不同，感受自然大相径庭。

东部一家农商行董事长表示，监管层担心小银行抗风险能力弱，因此，无论是业务准入还是不良反应，对小银行都是慎之又慎，会有更多"近距离"监管，在监管深度和频率上都高于大中银行。他举例说，整治高息不规范存款，当地小银行2020年7月就被要求停办整改，大银行2021年1月才开始执行，但这个问题并非小银行才有。

"对农商行的差异化监管"这个老生常谈的话题，如果要在未来实现更多新的突破，恐怕还需要监管层有更多设身处地的换位思考、深入一线的调查研究和更加畅通的沟通渠道。

记者：农商行要想在未来挑战中立于不败之地，实现精细化管理是非常重要的，您认为农商行的精细化管理路径有哪些特点，存在哪些困难？

刘小萃：农商行面对经济转型重大挑战，必然要经历一个长期、复杂的自我变革过程。在这个过程中，从粗放式管理转型为精细化管理，是一个大的趋势。农商行以客户为中心，形成端对端的流程再造，就必须要保持一种稳定的、可持续的管理。

但是客观地说，农商行实现相当程度的精细化管理，是有天然困难的。比如说，它的历程沿革，农商行最初起源于合作金融组织，弱势群体互帮互助的基因属性，就导致它不会出现很强的精细化管理意识。比如说，它的客户群体，都是相对弱势的群体，客户具有多、小、散、弱的特点，要求它必然要容忍一定的风险，快速获取信息、做出决策，这个过程中做到精细化管理困难很多。再比如，农商行生于农、兴于农，最核心的企业文化就是"家文化"，团结抱团、温暖互助是它的文化特点，但内部的竞争意识、规矩意识就相对淡薄很多。

也正因如此，农商行的精细化管理之路困难重重、任重道远。它不是一项单纯的管理变革，需要在体制机制、管理制度、流程再造、人才培训、企业文化等方面系统性推进和完善。

比如，大家很关注的精细化管理中的"绩效考核管理"这个板块，它绝不是一个单独的绩效考核系统就能解决的问题，它一定是考核制度、考核体系、考核文化和农商行的战略导向紧密联动、共同推进的过程。

记者：作为一位资深媒体人，您多年来一直研究农商行、农信社的改革发展。很多人都唱衰农商行未来发展，认为它基础弱、风险大、人员素质低、竞争力小，您对未来农商行前景有怎样的判断？

刘小萃：我从 2003 年起就开始关注农商行的改革发展，到今天已经有 18 年了。在这 18 年当中，农商行经历了太多的起起伏伏，虽然困难很多、波折不少、挑战不断，但总的发展趋势一直是向好的。

因为它扎根"三农"，是离大地最近的银行，有着深厚而广泛的群众基础和人缘、地缘优势，根深必然叶茂。即便困难再多、再大，我始终对农商行的发展前景充满信心。

困难和挑战永远都会存在，只要随机而变、顺势而为，一个"战役"接着一个"战役"地打下去，农商行这棵枝繁叶茂的参天大树，永远都会忠诚地、默默地扎根沃野、守护大地。

"绩效管理"是精细化管理的重要支撑

——陈彦峰专访

2003年,为了推动中信银行广州分行"第二代客户经理考核系统"的真正落地,中信银行广州分行原副行长陈彦峰与天维信息结缘,开始了长达近20年的交流与合作。

"在微利时代,银行更要强调的是精细化管理,而给精细化管理提供重要支持的就是绩效系统。"陈彦峰对于绩效管理在银行管理上的重要地位有着清醒的认识。

采访中,陈彦峰从18年前与天维信息的合作谈起,在漫长的从业经历中,他对银行经营管理有着怎样的切身体会?对绩效考核有着怎样的认知和感悟?对银行业发展有着怎样的趋势判断?从他的深入阐述中,我们可以看出这位银行家的远见与智慧。

记者:1996年,中信银行进入广州市场。作为新兴商业银行,中信银行广州分行在当时有诸多的创新,如客户经理制、全柜员制、私人理财业务等。21世纪初,中信银行广州分行还率先启动了绩效考核工作,请您介绍一下,当时为何要启动绩效考核建设?

陈彦峰:2000年7月1日,我从中信银行南京分行平调到广州分行计财部,当时叫计划资金部。

中信银行广州分行在很短的时间内,就把规模迅速做大,很快就拥有了几十亿的存款,规模扩张的速度在当时是非常惊人的,比南京分行同期规模发展速度还要快,当时管理层就提出,要迅速开拓到百亿规模。

广州分行率先推出全柜员制、客户经理制、私人理财等制度，这几项制度基本都是开先河的，对中信银行系统乃至全国金融系统来说，有些方法已纳入"教科书"。

我到广州分行工作的时候，已经有了客户经理的考核办法。现在来看，第一代的考核办法比较粗放，主要针对客户经理考核存款和贷款，考核的是业务量，根据利率进行系数的调整。贷款利率高或者存款利率低，系数就大。同时，也对贷款质量进行考核。比如贷款，同时贷给一个较大规模企业和一个较小规模企业，它带来的品牌效应、市场效应是不一样的，系数也不一样。另外，贷款出现逾期，就有相应的惩罚。存款也有基本的标准，就算存款质量高，但没达到标准，也不是一个合格的客户经理。客户经理考核体系在当时比较全面，能适应当时的业务发展，在一段时间内取得了较好的发展，也领先了一段时间。

大概到了2001年，随着广州分行规模扩大，业务品种迅速增多，管理开始逐步细化，市场环境也发生变化，上级银行开始关注对利润的考核。原来的考核办法没有考核利润，也没有对质量的考核，只有粗放的对规模增量的考核。如果要考核利润，就要考核到人、到产品，要实现科学考核，不是一句话的事情，没有足够的人手和技术手段，是没办法实现的。

因此，我们出了一个"二代客户经理考核办法"。一方面是针对业务量考核，另一方面是针对业务的质量，对公、对私、中间业务也都包含在内，考核的面非常广，考核的深度也陡然提升。之前的一代考核办法基本上是靠手工做出来的，二代考核办法出来之后，要兑现到个人，工作量也提升了不少。

当时我有几个想法：第一，新客户经理考核办法一定要推行；第二，计财部不可能增加大量人手；第三，要开发绩效考核系统；第四，最好是分行开发考核系统。后来证明，还是需要借助外部力量完成系统的开发，要找一个完全符合广州中信情况的现成的考核系统，是不可能的。

因为有这样的需求，中信银行广州分行从那个时候开始与天维信息合作。

当时的"一把手"同意，双方理念也都相符，都有共同的追求和目标，天维信息也有这样的能力为广州中信搭建起适合自身实际的绩效管理系统，双方共同提升、互惠互利。

要将银行绩效考核做好，对于天维信息来说是一个挑战。银行内部的东西，如果银行不配合，外部的人是很难操作的。双方需要签订保密协议，银行才能将核心交给外部公司，外部公司也能大胆去做项目。双方有诚意肯定会有好的结果。而且，系统需要花时间定制开发，就像中医治病一样，要因人而异、对症下药。

尽管这个系统开发也有各种不足，但对于当时客户经理考核办法的实施，起到强有力的支撑作用。因为系统是死的，业务是活的，人是活的，要想完全适应，是不可能的事情。系统加人脑、系统加手工，这是必然结果。

现在看来，没有客户经理考核办法的实施，广州中信的业务发展也不可能在业界有口皆碑。所以非常感谢天维信息。

后来，这个考核办法的成效被中信银行总行知道了，总行不断地让广州分行和天维信息到总行去做建设，希望能在总行层面开发一个考核或者管理系统。建好的系统经过多个版本的迭代直到现在还在使用。

记者：在推行绩效考核过程中，您遇到了哪些印象深刻的困难或者问题？

陈彦峰：在我看来，最大的问题就是要统一认识。

第一，银行要建立或者树立绩效文化。一家银行，如果没有绩效文化，大家吃"大锅饭"，靠行政命令推动才干活，就无法实现自动化的绩效考核，一定会被淘汰。一旦员工对于绩效文化都认知统一了，遇到什么问题，就能集中力量解决或者有变通的办法来解决。如果认识不统一，遇到问题就会陷入僵局，改革就会卡壳，事情将无法进行下去。

第二，领导要重视绩效考核。如果领导不重视、意识不强，就算学习之后写一个详细的报告，但没有上会拍板，只是束之高阁，绩效考核也没办法推行起来。领导重视是个关键，领导在推行过程中犹犹豫豫、"态度暧昧"，绩效考核推行就会困难重重。

第三，要上级部门批准、相关部门支持。要与上级部门加强沟通，争取绩效考核的落地推行。考核办法的推行，靠一个部门推动是做不起来的，要有信息部门、零售部门、同业、资金、资本等板块的全力支持，各部门不配合或者不积极配合，是很难推行绩效考核的。开发考核系统和系统本身是一样的，只要有一个因素或板块出现问题，整个系统都很难进行下去。推行绩效考核要专门成立一个领导小组，取得各个领导、各个部门的同意和重视。

我们相信并配合天维信息，但在当时也是有很大压力的。首先，考核系统能不能最终做出来？其次，如果做不出来的话，也耽误了很多时间。因此，双方要有一个相互信任、相互配合的基础，如果做甩手掌柜、作壁上观就没办法做出效果，绩效考核一定要双方配合投入到项目当中。我们也相信天维信息的诚意和技术能力。

同时，要有一定的配合和适度的容忍，系统刚做出来不可能是完美的，要包容一些误差，包括对修补时间上的包容。双方的大目标是一致的，要解决主要问题，不要在一些枝节问题上纠缠不清，这样对谁都没有好处。

另外，我还想强调的是，系统一定是一个开放的系统，之后再迭代完善，再增加一些内容进去。银行的考核系统有很多功能是对数据的分析，通过数据分析，不仅能看到考核多少分，还可看到利润、零售、对公等的分数构成。银行只要制定好标准，确定客户经理等级制度、考核制度，通过系统所有分数都能一一呈现出来。

在这里，我想说的是，技术的问题，都不是大的问题，只要解决认识上和人的因素就能合作，银行跟外部公司不是对立的关系，双方要相互理解配合，最终实现共赢。

记者：中信银行广州分行秉承"以客为尊"的服务理念，全力打造广东"有担当、有温度、有特色、有尊严的最佳综合金融服务企业"。请您介绍一下中信银行广州分行的"绩效文化"与"管理文化"。

陈彦峰： 中信银行广州分行绩效考核系统建设有 20 年历程，但实际绩效考核推行不止 20 年，要更长一些。这是一个由粗到细、不断提升发展的过程。实际上现在已经进入到第三阶段。

第三阶段的绩效考核，在遵循总行的各项考核规则下，以利润为中心，全面考核各项业务，并支持一些管理数据分析的需求。考核对象不仅仅是客户经理，而是按产品、条线、部门，统筹考核他们的业绩。还要体现总行的考核导向，对业务数据、业务趋势能做些预测，对银行平常的一些专项工作，还要有一个常规化分析，要能够借助系统分析、提示风险、提示结构调整，让工作中的薄弱环节一目了然，同时也能找出我们的优势。中信银行广州分行目前已经进入这个阶段。当然我们的系统暂时还不能完全实现这些功能，但正在逐渐建设和完善，未来系统是可以做到这一点。

第二代的考核重点是利润，第三代的考核重点有可能是经济利润。经济利润把资本成本纳入考核，不只是简单的考核利润，对于考核要更加细化到产品、主线、业务板块，不仅仅是到个人。但这不是简单的拼装，比如客户经理做了一笔业务，不是按人头对它进行划分，而是对产品进行核算，这个产品有没有利润、利润多少、资本成本多少？从操作角度来讲，这是一个庞大的系统，开发难度会非常大，影响因素多，只能是尽量向它靠拢，把业务划分清楚，基本元素都做好了，就会为接下来的考核工作打好基础。就总体趋势而言，银行管理将会越来越精细化。

记者： 您在多年的管理工作中，一定积累了丰富的绩效管理的方法、思路、理念，请您分享一些您认为重要的知识点。

陈彦峰： 我觉得绩效管理是银行管理的主要方面，也是银行实施战略和实现阶段性目标的重要手段。如果没有战略，就很难实施阶段性目标。比如说，总行的季度目标、年度目标，还有某项业务要达到一定的比例，也要有阶段性目标，都要用绩效管理来激励和引领。

第一,我们要认识到,绩效管理包含的范围是非常广泛的。员工、团队、部门、支行、主线、产品都在其内,要干的事情太多了,除了会计系统以外,它包含了银行大部分的事物。所以,在推动绩效管理时,要循序渐进,一步一步做好,不可能一下子全做。全做既没必要,也不容易干好。

第二,绩效管理系统是开放的,不是孤立的。任何一家银行都要考虑这个问题,如果现在没有意识到,那是因为业务还没发展到一定程度。天维信息作为行业专家,可以给银行预留接口,就好像建高速公路要预留出口一样,工程不断扩充,不断地适应新业务和管理模式的变化。管理模式,既包括银行自身的管理模式、上级单位的管理,也包括监管的变化。

第三,领导要学会运用系统,不能把系统当成摆设。要熟悉自己的系统,运用自己的系统,要发现系统当中的问题,这样才能不断完善系统。

记者: 随着内外部环境的变化,您认为银行精细化管理的发展趋势是怎样的?

陈彦峰: 银行竞争是不断加剧的,监管也是逐渐加强的,这是大趋势,这两者肯定都会导致金融市场争夺加剧。银行实际上已经进入了一个微利时代,依靠一个大单获得暴利,越来越不可能。此外,利率市场化进程加快,息差在持续收窄,这是银行面临的一个非常大的挑战。

如果银行还继续粗放式经营,就会面临很大的违规风险,一旦出现经营风险,在竞争当中肯定是要失败的。所以银行必须有一个好的管理系统,帮助其进行精细化管理,认识到银行的长处和短板,认识到哪些业务和产品对银行更合适,哪些不合适。

这些数据,银行如果不计算,就会对自身情况不够了解。银行目前必须要算着干,不能再干着算了。算着干,就是要计划清楚,目标任务要直达客户经理,让他明白地去干,不然稀里糊涂地拿下了一笔业务,但是行里对这项业务的考核力度并不大,客户经理没拿到绩效,他自己还觉得挺委屈,其实就是在做无用功。所以，一定要通过绩效考核，实现战略规划和业务发展的导向性，如果没有计划性，越干风险越大。

在微利时代，银行更要强调精细化管理，而给精细化管理提供重要支持的就是绩效系统。广义的绩效系统范围包含较广，能清楚地看到每一个产品、每一类业务、每一个部门、每一个人的盈亏情况，不论是按照模拟利润或者经济利润计算，都能明白每一个考核细项的情况。这样就能有针对性地对相关考核产品进行选择，实现利益最大化。因此精细化管理是必然趋势，而且会越来越细。

微利时代促进了银行强化管理、降低成本，银行要依靠考核系统为管理赋能。一方面可以降低成本，促进银行的业务发展；另一方面，在微利时代银行可能还会出现兼并现象，谁能掌握这个推动精细化管理的工具，谁就能在竞争中处于主动地位。

记者： 关于银行绩效管理发展20年的话题，您还有哪些需要表达的观点或者期望？

陈彦峰： 银行未来的发展，离不开绩效管理，绩效管理也在不断提升、变化和完善。提升，是向纵深发展；变化，是跟随外部大环境、经营环境的变化，包括随监管政策、国家政策等的变化而变化，这个是不能准确预测的。因此，我们说没有不变的考核。

对于天维信息来讲，要做的事情还很多，在绩效考核领域还有很长的路要走。因为绩效考核是在不断变化、不断提升的。天维信息要利用好自身的人才、技术，当好银行绩效考核顾问、专家的角色。

此外，还要通过自身优势对银行战略发展趋势、技术发展趋势、监管趋势等做出预判，做到心中有数、未雨绸缪、提前布局，为客户提供更多量身定制的服务，给行业带来更先进的绩效管理的理论和方法。

有一位银行行长曾经讲过，未来的银行专家一定会出现在像天维信息这样的专业化公司中，因为这样的公司接触的银行很多，在提供专业化服务中，掌握的知识内容全面、了解的创新案例多，产生专家的几率非常大。

天维信息的未来会有一个很好的发展空间。要以客户为中心，围绕着客户需求服务，但不要被动地服务，不是说客户要什么，就做什么，还需要适当在专业上作出引领，提升客户对行业发展趋势的认知，这样才能获得更长远、更稳定的合作。

"绩效管理"理念应顺势而变

——郝伟忠专访

在供给侧改革的背景下，过去中小银行依赖同业和表外业务，通过规模扩张实现业务增长的途径已经不可持续。中小银行唯有坚持差异化经营和精细化管理，聚焦细分市场，不断增强创新和风控的能力，打造特色化、专业化的银行，才能在新形势下重塑发展引擎，收获持续发展的动力。郝伟忠在担任山西省农村信用社联合社（下简称：山西省联社）阳泉办事处主任期间，阳泉地区涌现出一批精细化管理优秀的法人行社。

针对农村中小银行的精细化管理趋势，已调任为山西省联社银行卡部总经理的郝伟忠提出，在新的发展机遇与挑战面前，传统银行固有的绩效考核、绩效管理理念应顺势而变。

记者：时代发展日新月异、瞬息万变，处在这个发展的新时代，您如何看待关于农商行、农信社的定位与价值问题？

郝伟忠：党的十八大以来，经济社会的发展趋势，从追求规模、效益向高质量发展转变，新一轮的金融改革正顺应这一大势，脱虚向实。无论是货币政策的传导，还是监管政策的信号，都要求金融机构回归本源，支持实体经济，支持产业结构的调整和升级。

作为生于斯、长于斯的农信社或改制后的农商行，维持其地方法人地位和数量是中央的总基调。因此农商行、农信社继续回归"三农"，守好阵地，做"一懂两爱"的"好银行"，是唯一出路，也是生存之路，更是价值所在。

记者： 目前监管趋严、互联网金融竞争加剧、经济下行等因素相互叠加，农商行（农信社）面临着怎样的机遇与挑战？

郝伟忠： 挑战，无时无刻不在；机遇，任何时候都相伴。

四十年改革开放，四十年经济社会的快速发展，给我们每个人、每个行业都带来很大的变化和影响。然而，为了快速发展，我们付出的环境、资源等代价，同样值得深思。

实践证明，农信社或农商行的发展，脱离不开经济、民生及党的领导。在新的历史条件下，必须树立新发展理念，打造绿色金融生态，反思过往的失误，拥抱机遇、迎接挑战。

（一）传承与创新的问题

大多数农商行由农信社改制而来，伴随着改革的春风，沐浴成长，变的是环境、条件，不变的是扎根地方的本土金融机构、地方经济的发展，更是浓浓的乡土情、本地味。

这种发展路径，传承了艰苦奋斗的精神以及更多的农信人身上特有的优良传承。但这种发展路径，在一定程度上也局限了脱胎换骨式的创新与改变。

城镇化的快速推进、金融科技的快速发展，一系列产品创新、商业模式的创新给农商行（农信社）带来了巨大的冲击，虽然我们已经做了一些准备，但还不够充分。

（二）独立法人地位与现有管理模式的问题

农商行（农信社）一直保持着独立的县域（或地方）法人地位，也保持了群众性、民主性、灵活性的"三性原则"，但凸显的各种风险、抵御风险能力弱的诟病也同时存在。

省联社管理模式下，农商行（农信社）存在的各种问题得到了有效解决，如在科技建设、信贷规范、权力制衡、审计监督等诸多方面，都有了显著提升。

但随之而来的问题也不容忽视，最严重的问题莫过于"重管理、轻服务"。

当前省联社模式下的利弊已引起各方关注，业内都在呼吁省联社改革的推进，其目的是释放基层行社的经营活力，弱化省联社行政化管理色彩。这就带来一个新的问题，已习惯"被管理"的农商行（农信社），如何再被唤醒"独立思考"的能力，如何再度自我搏击风浪，值得我们深思。

（三）当前面临的发展机遇

金融是经济血脉，经济离不开金融的支持，同样金融业的发展也离不开经济的良性发展。当前国际国内双循环形势的判断、乡村振兴的实施、互联网金融的整顿规范，都给农商行（农信社）的发展带来了良好的发展机遇。

双循环形势下，"三农"的基础地位再次凸现，粮食安全已被提上国家战略层面，回归本源、支持农业正是农信社的优势所在和应有的责任担当。

乡村振兴需要更加充分、多元的金融支持，如今的乡村已非30年前的乡村，农信社只有深入做好"一懂两爱"，才能抓住机遇，重获新生。

互联网金融的整顿规范，使正常的消费金融回归，巨大的市场潜力正等待着农信人、农商人去精耕细作，抢抓商机。

记者： 有人说，农商行（农信社）应对新的机遇和挑战，精细化管理及绩效管理是绕不过去的槛，您如何看待这个问题？

郝伟忠： 精细化管理就是基于经典的经济理论，基于明确的分工，进而达到管理的系统化、标准化、流程化。在这个过程中，为了保证每个环节的高效运转，就必须引入工作标准、考评机制、激励机制，这样绩效管理便应运而生。

精细化管理是提高工作效率的必由之路，一定程度上倒逼着经营者建立标准化业务流程，规范其经营行为。同时，在防范道德风险和操作风险等各类风险方面，发挥着积极的作用。

但当前也有一种观点认为，过度的精细化管理，扼杀了员工的创造性、积极性。我粗浅地认为，过度的精细化管理不利于激发员工的内生动力，过度的考核可能会带来负面的效应，削弱员工的获得感、幸福感。

记者： 新的发展形势下，对农商行（农信社）的绩效管理也提出了新的发展要求，您对未来农商行（农信社）的发展有哪些展望和预判？

郝伟忠： 近年来，银行业的绩效管理，更多地关注业绩的增长、市场的发展，更多地注重多元营销、全员营销。依托科技支撑，应用现代管理工具，引入关键指标考核、多维度考核、模拟利润考核、经济增加值考核等，在规范化管理、精细化管理、激发员工的工作积极性等方面，充分发挥了绩效考核的指挥棒、发动机的作用。

在当前经济由"高速度"向"高质量"转变的新形势下，追求业绩的无限度增长，依靠价格竞争取胜变得越来越不可能。固有的绩效考核、绩效管理理念也应顺势而变。

一是要注重发挥团队合力，由"考核到人"向"团队考核兼顾个人"方面转变。

二是由"产品营销"向"客户细分"转变。农商行（农信社）要顺应社会变革、感触大众生活。可以看到，现代群体已由传统的"社团型"向以兴趣爱好、价值观等为纽带的"社群型"转变，农商行（农信社）要细分客户，做客户的"好邻居"，做客户可信任的好银行，绩效考核也应顺应这一新形势的变化。

三是绩效考核的重点由"价值创造"向"员工价值体现"转变。农商行（农信社）要更深入地研究，优化组织架构、岗位设置、岗位价值评估等，在绩效考核中关注点由"业绩"转向"员工"。

四是要更加注重体现绩效考核的公平性，让广大员工通过科学的绩效考核体系，得到更多的获得感、幸福感、安全感。

"绩效管理有点难,不去管理会更难"

——周章法专访

绩效管理不是一件轻而易举的事情,它是非常系统、复杂而且是很艰难、危险的一件事情。浙江青田农商银行为何"明知山有虎,偏向虎山行"来推行绩效改革?

薪酬是管理中最敏感的因素,也是改革的重点和难点。在实施绩效考核中,青田农商银行是如何做到"薪酬差距拉大了,但员工心态差距缩小了"?绩效考核特别强调机构、人事、薪酬"三大改革"协调推进,其背后的逻辑是什么?农信机构的体制机制对其推行绩效改革,还存在哪些不利因素?……

浙江青田农商银行原董事长周章法在长达三个多小时的采访中,对上述问题给出了精准而具体的解答,并针对他在青田农商银行十年间如何做好基层行社的绩效管理,说出了非常接地气的感悟:绩效管理有点难,不去管理会更难;脱离绩效考核的任何管理都是粗放的、低效的、不可持续的;银行绩效考核最佳发展状态,是实现业务和员工同步发展;要把员工接受,作为绩效考核的出发点和最终归宿;绩效管理的核心,就是管理人的私心和惰性;绩效管理就是分清优劣;实施绩效管理,领导要懂得心理学……

记者:在全国银行业中,农信机构引入现代绩效考核理念普遍较晚。十四年前,您在浙江青田农商银行任董事长时,就开始推行绩效考核,请您分享一下您启动绩效考核建设的背景与初衷。

周章法:浙江青田农商银行是浙江农信系统中第一家实施绩效改革的地

方法人机构。十四年前就启动了绩效改革，这既缘于金融机构竞争加剧的"大环境"，也和当时浙江青田农商银行自身如何化险的"小环境"有密切关系。

农信社起源于计划经济，"吃大锅饭"现象比较严重，长时间粗放经营，惯性大、影响深。在绩效考核上，农信社整体晚于其他银行：国有大银行绩效考核起步早，完善于股份制改造后；股份银行、城商行起源于市场经济，一成立绩效考核就同步规划，一起发展。

农信社虽然起点不同，但所处的激烈的竞争环境相同，形势逼人，绩效考核不可不为。

另一个更为重要因素是，当时的浙江青田农商银行风险前所未有，集中表现为"五无五多"，即班子无合力，精力内耗多；队伍无正气，歪风邪气多；内部无机制，消极怠工多；管理无规范，遗留问题多；业务无发展，市场退出多。

刚到青田时，我做过一次调查：2005 年联社开展一级法人改革时，全县只有"工农中建信"5 家银行，青田联社的存款市场占比为 20%。2007 年 8 月我接任董事长时，同样还是 5 家银行，但青田农商银行的存款总量已跌破 20 亿元，市场份额跌至 9.8%。也就是说，短短三年时间，农信社业绩就大幅下滑，情况十分危急。

不仅浙江青田农商银行情况复杂，青田县地域环境也非常特殊。青田是全国著名的侨乡，全县 52 万人口，有 33 万人分布在 120 多个国家和地区，可以说"家家有华侨，户户是侨眷"。由此，青田形成了许多与其他地区不同的"特质"：青田人文化混杂、思想多元；华侨关系错综复杂，上至京都、下至乡村，可谓"顶天立地"；民主意识独特，百姓维权意识特别强；涉外渠道广，有些消息，国外反应比国内还快，舆情管控难；员工海外关系复杂，护照没有集中管理，随时都可以出走。

面对如此困难的局面和如此复杂的环境，作为一个人生地不熟的外乡人，我该怎么办？

当时，摆在我面前的有两条路可以走：一条路是，入乡随俗，走讲人情、搞关系，以情服人的"人治"之路；另一条路是，大胆改革，走讲规矩、建机制，以理服人的"法治"之路。

其实两条路都不好走，"搞关系"自己受不了，"搞改革"人家受不了。我想，在青田这种"关系通天"的地方，"人治"之路行不通也走不远，"法治"之路虽然艰险，但可一搏。思考再三，决定迎难而上，选择以"绩效改革"为突破口，开启大刀阔斧的改革序幕。

记者：薪酬是管理中最敏感的因素，涉及员工的切身利益，可谓"牵一发而动全身"，您在推行绩效考核时，是如何做到"薪酬差距拉大了，但员工心态差距缩小了"？

周章法：推行绩效考核，必须要从机构、人事、薪酬进行彻底改革，若仅从薪酬进行改革，那绩效改革就会流于形式，即使推进，效果也会大打折扣，甚至矛盾重重。为此，浙江青田农商银行从机构、人事、薪酬"三大改革"协调推进，推进彻底的绩效改革。

迎难而上，拆掉"大集体"。2005年，当时的青田联社一级法人框架虽然搭起来了，但内部改革没有同步跟上，仍在延续原来的"大社制"，管理幅度大、成本高、矛盾冲突多、竞争效率低下。为了改变这一现状，我们果断实施了机构改革，机构网点从"大社制"向"小社制"转型。通过扁平化改革，妥善解决了多家法人机构合并的遗留问题，支行一级的竞争主体从原来的10个增加到17个，绩效考核"一竿子插到底"，直接考核到每一家支行和分理处。

顶住压力，搬掉"铁交椅"。建立一个"公开、公平、公正，真正能上能下"的选人、用人机制，我们顶住压力，全力推动从"相马机制"向"赛马机制"转型。

在选人上，建立了"竞聘程序公开、竞聘岗位公开、任职条件公开、岗位目标公开、计酬模式公开、退出承诺公开，一年一聘、能上能下"的选人用人机制。十年间，有 7 名支行行长、15 名分理处主任、2 名会计主管因未完成任期目标被解聘；先后有 71 名"肯干事、能干事"的年轻骨干走上了管理岗位，并干出了不错的业绩。由于实行了制度选人、机制管人，不以关系论好坏，制度面前人人平等，有效破解了"华侨关系能通天，人事工作干扰多"的困局。这样一来，跑官要官的人没有了必要，滥竽充数、有关系无本事的人没有了机会，削尖脑袋往机关里钻的人没有了路径。

在育人上，加强了后备干部队伍建设。在优胜劣汰的竞争环境里，干部岗位随时可能出现空缺，需要及时替补。为此，我们按照"素质有要求、业绩有标准、条线全覆盖、一年一后备"的总体要求，建立了"素质为基础，业绩为导向"的后备干部选拔任用机制，确保了干部岗位"随时能缺、缺位能补、后继有人"。

在节约用人上，我们积极推动从"人力资源管理"向"人力资源经营"转型，通过加强"人均量本利"的考核管理，大大增强了基层网点、机关部室精打细算的能力和节约用人的自觉性，实现了"人均量本利"考核全市第一和全省前列。以前那种"不计成本，张口要人、伸手要钱"的现象没有了。

鼓起勇气，砸掉"大锅饭"。薪酬是管理中最敏感的因素，也是改革的重点和难点。为了打破"大锅饭"，建立"绩效优先、兼顾公平、多劳多得"的分配机制，我们积极推动"身份薪酬"向"绩效薪酬"转型。一是淡化身份薪酬，把年龄、工龄、学历、职称、任职年限、用工方式等身份特征统一纳入个人素质评价，不再与绩效薪酬挂钩，把大家的思想引导到"不比资格比素质，不比身份比业绩"上来。这样一来，"讲资格、吃老本"的人就少了。二是强化绩效薪酬，按照"固定薪酬不高于 30%，绩效薪酬不低于 70%"总体要求，逐步提高绩效薪酬占比。三是加强考核系统建设，推动考核手段从"粗放型"向"精细化"转型。2009 年以来，浙江青田农商银行先后完成了银行绩效考核系统一期、二期、三期项目的上线运行，实现了绩效考核的系统化、实时化、移动化。通过改革，薪酬差距拉大了。以 2018 年薪酬为例，支行行长高低相差20万元、分理处主任高低相差19.41万元、客户经理高低相差19.76万元、综合柜员高低相差11.32万元。

虽然员工之间薪酬差距拉大了，但由于绩效改革是从机构、人事、薪酬几方面综合推进，建立起了"干部能上能下，薪酬能增能减，员工能进能出，工作比业绩，收入凭贡献"的内部管理机制，并做到公开、公平、公正。这样一来，员工在绩效考核中，比得心悦诚服，心态差距缩小了。

记者：您有一句话流传甚广，"绩效管理有点难，不去管理会更难"，请您分享这句话的深层次含义。

周章法：讲绩效管理难，是说银行的绩效管理不是一件轻而易举的事情，它是非常系统、非常复杂，而且很艰难、很危险的一件事情。这里的艰难、危险，很多是指领导在推进绩效改革中自身的艰难和危险。

正因为如此，很多基层法人行社不敢去碰绩效考核这件事，要么就是"蜻蜓点水"做做表面文章。这就需要"一把手"不仅要有改革的精神，并且还要有为改革而付出的牺牲精神。

另外，农信系统自身的特点也决定了推行绩效管理难。农信社与其他机构相比，历史久、惯性大、管理粗放，"吃大锅饭"在员工的头脑中根深蒂固。加上农信社是地方性法人机构，各种地方关系盘根错节，推行绩效管理受到各种掣肘。

不做绩效管理会更难，是因为商场如战场。很多时候，"战前动员"的效率决定着"战役"的成败。我在推行绩效管理前，曾做过调研，比如抢占社保卡市场，许多商业银行早已建立起了一整套绩效考核机制，一有任务即可一竿子动员到底，"战前动员"效率非常高，队伍的战斗力很强。相反，农信社却只能动员到支行（分理处）负责人，无法动员到每一个员工，就像战斗一样只能动员到营长、连长，无法动员到每一个士兵，使队伍的战斗力大打折扣。

不做绩效管理会更难，还有一点就是，银行不管发展到什么阶段，事情总是要靠人去做的。人是有私心和惰性的，绩效管理的核心就是"管理人的私心和惰性"，从而调动人的积极性和创造性，提高工作效率。

因此，在市场经济背景下，银行处于激烈的竞争环境中，脱离了绩效考核的任何管理都是粗放的、低效的、不可持续的，而且随着形势的发展，积弊会越来越深，管理的成本和难度会越来越大。

记者： 有句话讲"员工接受的考核办法，才是好的考核办法"，对这句话您怎么看？关于如何制定出让员工满意的考核办法，您有什么好的方法可以分享？

周章法： 过去在绩效考核中存在着一种误区，认为绩效考核是领导的事情，总行制定出一套办法，让下面的人去执行就可以了。实际上员工满意才是最好的考核办法，因为员工既是绩效考核的对象，也是绩效管理的主体，而领导只是起引领、推动作用。

制定出让员工满意的考核办法需要把握以下三点。

首先，"员工接受"是绩效考核的出发点和最终归宿。因为绩效考核出发点就是从员工利益出发，调动员工的积极性，使他们多劳多得；推行的绩效考核办法是否可行，最终归宿也是以"员工满意不满意"作为检验标准。

其次，推行绩效考核要做到"从群众中来，到群众中去"。总行的发展目标要让员工解读，提意见、提要求，多次讨论、多次磨合，使发展目标、考核办法在干部与员工中达成一致，从而得到员工的理解、认可、接受。

再次，绩效考核要着眼长远、稳中有进、务求实效。推行绩效考核要避免短期行为、急功近利，要按照循序渐进的原则，让员工得到实实在在的利益。一边改革，一边让员工享受到改革成果，从中受益。

一个好的考核办法，应该上承"天意"（组织意图）、下接"地气"（员工心态），既能推动业务发展，又能促进内部和谐。

记者： 银行推行绩效考核的最终目的在于促进银行业务发展，请问您在进行绩效改革的过程中,绩效考核是否起到了助力业务发展的作用?如果有作用,请您分享一些案例或心得体会。

周章法: 十年来,我们坚持以高质量转型发展为目标,以银行绩效管理为核心,以推进机构、人事、薪酬"三大改革"为抓手,求真务实、稳中求进,取得了明显成效。

一是促进业务的快速发展。截至2018年末,浙江青田农商银行各项存款达到142.72亿元,比改革前增加122.72亿元,增长613.6%;存款规模相继超越了同区域农行、建行、工行、中行等大银行,排位从原来的末位进升至第一位。特别值得一提的是,改革前青田县有5家银行,后来逐渐增至16家,但我们的存款市场占比,却从9.8%稳步提升到22%,也就是说,十年间当地金融机构增加了11家,但浙江青田农商银行的市场占比不但没有下降,反而提升了12.2个百分点。各项贷款达88.9亿元,比改革前增加73.1亿元,增长462.65%,贷款规模居全县首位,占全县金融机构贷款总量的三分之一。连续五年在全县银行业行风民主评议活动中获得第一名,连续五年被省联社评为"全省农信系统优胜单位"。

二是精细化管理水平明显提升。主要表现在:战略动员更加有效,战略目标和组织意图得到高效落实;战术跟进更加及时,干部员工的智慧得以充分发挥;业绩考核更加真实高效,让公平、公开、公正真正得到落实;薪酬兑现更加及时明了,"指挥棒效应"突显,积极性调动更加及时有效;素质教育更加务实高效,以前是要我学,现在是我要学。因为不学就容易出错,出错就会受到处罚。以前那种"敷衍了事"的学风大为改观,学习自觉性大大增强。

三是人文结构更加稳定和谐。通过十年间的不断改革,浙江青田农商银行的人文结构更加稳定和谐,员工的积极性高涨,合规氛围更浓,集中表现在"五个无",即薪酬无计较、言语无抱怨、诉求无上访、行为无吵闹、工作无懈怠。

记者：请您谈谈，农村金融机构未来3～5年的绩效考核的改进方向。

周章法：我在浙江青田农商银行的十年，也是实施绩效改革的十年，通过实施绩效考核，助推了各项业务飞跃发展，把一家濒临破产的高风险社，发展为连续五年被浙江省农村信用社联合社评为"全省农信系统优胜单位"，从一定程度上可以说是天维信息成就了我。同时，浙江青田农商银行作为浙江农信系统首家引入天维信息实施绩效改革的法人机构，在探索绩效管理中，也为天维信息提供了"试验田"和"示范田"。结合我在浙江青田农商银行实施绩效管理的实践，我认为未来绩效考核的改进方向需把握以下四点。

首先，解放思想、更新观念要先行。作为地方一级法人机构的领导者，一定要有前瞻思想和广阔视野，并时时更新观念。不能做权力影响的领导者，以行政命令式方法推行绩效改革，而是要通过危机教育、明确竞争态势来统一员工思想。

其次，机构、人事、薪酬"三大改革"要协调推进。绩效考核不是一项独立和单纯的工作，而是一项复杂而系统的大工程，也可以说是银行经营管理的核心。"就考核而考核"的思想是不可能做好这项工作的。

再次，做到"12345"，绩效管理就不苦。"12345"即坚守一个战略定位，围绕两大发展目标，协调三位一体，落实四项制度，做到五个必谈。革命工作要求"不怕苦、不怕累"，新时代的"苦"不再指工作条件和生活环境艰苦，而是指"不理解、不支持"。就银行绩效管理工作来说，只要认真落实好"12345"，就能得到上上下下的理解和支持，也一定能够做成、做好。

坚守一个战略，就是基层行社党委班子要确立战略绩效管理的理念，并能一以贯之。随着金融改革开放的不断深入，银行业转型发展的愿望越来越迫切，加强绩效管理是推进精细化管理、加快银行转型发展的核心，它是银行发展战略的基础和保障。绩效管理工作要紧紧围绕银行的发展战略，更好地为战略服务。

围绕两大发展目标，即推进绩效管理要同时兼顾业务发展和员工发展这两大目标。银行最佳的发展状态是能够实现业务和员工的同步发展。员工的发展目标应该包括心理健康、素质提升、薪酬增长。

协调三位一体，就是要充分发挥高、中、基层的积极性，上下齐心，协调推进，避免"上热下冷"和"中梗阻"现象。重点是做到以下"三心"。高层"下决心"。对高层领导来说，最重要的是履行好领导职责，完成好目标任务，而绩效管理可达成高质量发展目标，绩效考核有利于高层的战略落地，实现发展意图。因此高层不仅要下决心，并且决心要下得早、下得好、下得稳、下得坚定。中层"聚人心"。对中层干部来说，最难做的事情不是业务，而是利益分配、人情协调和矛盾纠纷的调处。一个好的绩效管理机制可以把中层干部从困局中解放出来，集中精力抓好经营管理。基层"寻开心"。对于基层员工来说，绩效考核能够让员工真正做到开心工作。只有真正做到按劳分配，多劳多得、少劳少得、不劳不得，员工才能从内心深处实现真正的心态平和、心安理得，才能实现开心工作。

落实四项制度，即调查研究制度、政策听证制度、咨询培训制度、定期报告制度。这些制度的主要任务是及时发现、分析、研究、解决绩效管理过程中出现的问题，保证各项制度的科学性、合理性和可行性。它强调的是"一线工作法"，即调查研究在一线、工作创新在一线、攻坚克难在一线、解决问题在一线。

此外，还要做到五个必谈，即薪酬收入最高和最低的人必谈、收入增减幅度最大的人必谈、有特殊情况的人（如家庭生活困难的员工、对考核制度不理解的员工、出现不良情绪苗头的员工）必谈。

最后，着眼长远、循序渐进很重要。浙江青田农商银行在改革初期，急于求成，也犯过"急进"的毛病，后来意识到改革不可能一蹴而就，需要规划引领、循序渐进、逐步完善。加强规划引领是实现稳中求进、稳中有进的关键。

记者：请问您在浙江青田农商银行成功实践的绩效管理模式，可否复制到其他农信机构中？

周章法：浙江青田农商银行探索的绩效管理模式，完全可以复制到全国农信系统中，关键是农商行（农信社）的"一把手"敢不敢去做、愿不愿意去做。有些"一把手"不敢去做，就是因为绩效改革太复杂、太艰难、太危险。

实施绩效改革，要取得像浙江青田农商银行一样的成效，至少要做到以下几点。

一是"一把手"要有胆略、有魄力、有能力、有自信，并且要有自己的底线。因为真正彻底的绩效改革，必须要从机构、人事、薪酬三方面协调推进，必然会触动一部分人的"奶酪"。

二是班子成员要形成合力，拧成一股绳，并且得到省联社的大力支持，否则改革还没有进行，自己就被人家"革"倒了。

三是做到公开、公平、公正，尤其在人事改革上，严格做到"竞聘程序公开、竞聘岗位公开、任职条件公开、岗位目标公开、计酬模式公开、退出承诺公开"的选人、用人机制。

四是按照循序渐进原则，不能急于求成，避免引发大的震荡，在人事调整上给员工以心理预期（以业绩论英雄），薪酬分配上逐年提高绩效薪酬，降低固定薪酬。

五是"一把手"和人力资源部负责人要懂心理学，要看得懂员工心理，善于做思想政治工作。当时我在浙江青田农商银行期间，我和人力资源部总经理都获得了国家三级心理咨询师证书。

记者：当前农信机构的体制机制，对农信社推行绩效改革还存在哪些不利因素？您如何看待这种现象？

周章法：绩效改革是一项战略工程，也是一项长期工程、系统工程，但全国农信社"一把手"在一家行社的任期大多数是一届，做两届的也有，但比较少。这就使基层行社"一把手"推动绩效改革的动力不足，即使推进也往往浮于表面，仅仅从薪酬上进行改良，并不能从机构、人事、薪酬等方面进行大刀阔斧的改革。

更为致命的是"换届综合征"，往往新的"一把手"上任，会推翻前一届领导的很多思路，另起"炉灶"。所以，要想绩效改革在基层行社得到彻底的执行，并保持持续健康的发展，还有很长的一段路要走。

银行业变革需要绩效考核的支撑

——王国庆专访

一个采购项目,让王国庆与天维信息结缘。从担任兴业银行广州分行副行长到后来担任北京分行副行长,王国庆可以说是陪伴天维信息发展的第一批用户,也见证了天维信息的发展历程。

作为一个合作了20年的"老"银行家,对于绩效管理理论体系,王国庆有着自己独到的见解。他提出,银行业的整体需求和金融改革同步,处于大的变革中,这场变革的成功推进必然需要科学的绩效考核加以支撑。

这位商业银行管理者如何解读绩效管理的趋势?如何看待和合作方天维信息的关系?记者和他的一番对话,会为您揭晓答案。

记者: 您和天维信息是如何结下不解之缘的呢?

王国庆: 最开始接触天维信息,是因为一个采购项目。当时,天维信息的几个合伙人还就职于广州金融科技类最大的一家公司,南方地区基本上就是他们规模最大。

我在兴业银行北京分行就职之前,于1999年先到的兴业银行广州分行,主管科技。当时我们在筹建广州分行的过程中,与这家公司沟通过合作,这是结识天维信息创始团队的一个契机。

后来,他们几个人说准备合伙建一家公司。重建公司做什么?未来主营什么业务?是不是还要在熟悉的领域进一步探索?

他们询问我,现在银行最需要什么和科技相关的服务?

坦白讲,当时我也刚刚调到广州工作,对于未来银行业的发展趋势和经营策略，也没有太清晰的思路。但是，我爱琢磨事情，喜欢把一个指标量化、数字化、规范化，然后进行考核。每一项工作做得好与不好，有效无效，都可以拿数字来说话。

这是一种最基础、最简单的管理思维。这种思维再进一步，就涉及如何对员工开展绩效考核？

怎么来考核银行的业绩？怎么来衡量员工的业绩？

当时，我作为一个银行科技工作的负责人，并不是很清楚从技术上怎么去考核员工。员工的工作做得好与不好，我只能凭印象。以定性分析来确定一个员工工作成绩的好坏优劣，是二十世纪中国企业的一个通病。

实际工作中，管理者没有那么多精力去了解每位基层员工的工作状态。平时的考核评定，包括年终奖金的确定，也都只能依据综合部等相关部门的汇报结果，详细与否、客观与否，数据层层汇报过程是否有偏差，都没有办法进行科学考察。

我们与天维信息合作后，以资产、负债两大管理模块为基础，逐步向各条线细化延伸，完善出来的整个考核体系，就是绩效管理系统的基本雏形。确定了基本发展方向后，天维信息用两三个月的时间，孵化成型了整个新产品理念。

从计算机的角度来做一个准确的绩效考核系统，就成了天维信息最初发展的新业务。

2002年，他们的第一篇行业性研究文章刊发，天维信息正式进入理论指导下的发展阶段。后来还建立了"银行绩效管理最佳实践研究所"，把现在主流银行最前沿的需求沉淀下来，形成研究性文章，不断融入系统创新之中。

记者：您当时是在什么样的背景下，启动绩效考核项目的呢？

王国庆：到了2001年，我已经在兴业银行广州分行工作了两年，那一年中国加入世界贸易组织。这对于整个银行体系是一个非常大的事件。

一方面，中国整体的金融市场变得更加开放。金融机构、运营模式更加多样化。外资短时间内大量涌入中国市场，金融业竞争加剧。这意味着，如果不适时接受市场的变化，继续保持固化思维、僵化管理，就很有可能面临被淘汰的命运。金融机构会出现两极分化，也就是人们常说的"越好的企业发展越好，越坏的企业发展越糟"。

另一方面，中国的监管体系会逐渐向国际趋同。逐步强调从"机构性监管"向"功能性监管"转变，这也就要求银行业在日常经营过程中时刻保持警惕，对于监管有正确的认知，从内部结构和管理上"下功夫"，避免产生相应的风险。

所以，我们当时就寻求与天维信息的合作，试图在外界动态变化的市场以及内部平稳的管理体系之间找到一个"平衡点"。

当前中国银行业面临的问题，与我们最开始和天维信息接触时面临的问题有着很大的差异。现在互联网金融对于这个行业的冲击变得日益明显，新兴的金融业态兴起，整个金融业的整体格局正在逐步被打破重建。

当银行业通过互联网技术显著提升金融服务效率的同时，互联网技术也潜移默化地改写了实际操作层面的金融交易规则和内部的组织形式。因此，如何增强风险意识、准确识别变化、科学应对变化、主动寻求变化，是一个优秀的领导者需要重点考虑的问题。

记者： 后续这套产品在推进的时候，有没有遇到什么阻力？

王国庆： 在银行推行绩效考核改革是一件非常难的事情，推行过程肯定会遇到阻力，但是要想办法排除困难。

绩效管理体系本身就是一个集成的系统，这个系统在推行中，会出现两种相互对立的现象。

一方面，从中国的金融发展现状来看，需要这样一套系统来支撑业绩考核，支撑和推动金融业的发展，市场客观上有这个需求。一个企业，对真正创造价值的人，需要做一个客观的考核。另一方面，金融业的体制机制又会对这个过程造成一定阻力，因为绩效考核必然会触动一些人的利益。把这个

"大锅饭"给打破、破除现有利益格局，需要非常大的决心和勇气。

兴业银行广州分行与天维信息的合作，其实是银行整体需求和天维信息的绩效考核系统磨合的一个过程。对于天维信息来说也是一个"练兵"的过程，天维信息对于银行需求的理解逐渐上升到了和实际情况一致的程度。这些年来，天维信息也是在不断地探索创新，靠近银行的需求、了解银行的需求、解决银行的需求。

记者：对于天维信息冲击上市这件事，您有什么看法？

王国庆：对于天维信息进军资本市场，我是非常鼓励和支持的。这就好比，当一个人有了充足的粮食做后盾，就可以开始为理想而奋斗了。

这个时候的天维信息，已经可以没有后顾之忧地投入到绩效考核的标准体系的建设当中。不论是为了天维信息自身未来的发展，还是为了中国金融业的发展，甚至还可以想得更远大一点，未来去和世界银行业的考核体系碰撞，成为世界银行业考核体系的标准。

在逐梦的过程中，可以不用辛苦地做"苦行僧"，选择上市是一件正确的事。另外，天维信息如果能够成功上市，也得益于中国金融业的改革开放在不断地向前推进。

我作为银行从业者，在不同的场合做报告、接受媒体采访的时候，大部分也是在强调银行的各种需求。银行业的整体需求和金融改革同步，处于大的变革当中，这场变革的成功推进必然需要科学的绩效考核来加以支撑。

客观一点来说，2001年至2008年这段时间，刚好是中国金融业处于一种竞争白热化状态的时期，大家都想外延扩张。从经济学的角度来说，它的边际效应会不断扩大，还没到递减的状态，因为整体市场还没达到饱和，还得靠规模扩张来支撑。

在这个历史阶段，天维信息服务的金融机构越多，在中国的金融版图上所占的"地盘"就越大。规模的扩张、机构的增加，意味着银行业管理需求的进一步增加。这个时候，就需要有一个科学高效的绩效考核系统，因为人为的、定性的考核，已经远远满足不了金融业发展的业态，天维信息就是在这个大的时代背景下，快速成长起来。

中国金融改革的深度和广度都在不断发展，伴随着中国金融改革的发展、深化，天维信息在金融业的"生存之地"也在不断扩大。伴随着中国整个经济发展进入"快车道"，他们也开始进入发展"快车道"，也就有了后面上市的机会。

记者：天维信息在这个细分领域能够生根成长，您觉得依托于什么？

王国庆：首先，是天维信息的韧性。天维信息的创始人大部分都不是技术出身，但是他们非常有韧性。最开始磨合的时候，经常出现一些问题，他们自己也在研究，"为什么我这个东西做得这么辛苦？为什么还是不符合客户的要求呢？"刚开始许多客户需求都对接不上，可贵的是他们能够很快调整思路，从银行招聘了很多人，开始从自身内部进行变革。摸索着前进的过程中，他们逐步完善、持续创新。到现在，可以说是对实际业务有了很深入的了解，也有足够的案例和经验，可以支撑起整个考核系统的搭建。

另外，他们有长远的想法，就是把考核系统上升到理论层面——做标准。一旦可以制定标准，就意味着在业内有足够分量的权威性。天维信息每年发布《中国银行业的绩效考核趋势报告》，就是一种制定行业标准的策略。聪明的、一流的企业都是在做标准的。

记者：您认为未来，银行绩效管理的发展趋势是怎么样的？

王国庆：其实，目前的绩效管理体系中，还有一些问题需要解决。比如说，当一些传统意识观念影响绩效管理体系运作的时候，怎么样通过制度来将这种影响降到最低？实际上，不能完全消除影响，但是可以降低这种影响。再比如说，绩效管理的结果，是不是仅仅停留在和员工薪酬挂钩的层面，其他的配套机制够不够健全？能不能保障绩效管理结果被最大程度、最优化地应用？

这些问题能否被真正解决，决定了未来银行的绩效管理会不会有大的突破。

首先，虽然每个阶段监管侧重都会有不同，但是金融机构的几个基本监管指标是不会变的，所以在绩效管理体系的设定中，会长期存在对安全性、流动性等这类数据的考察，也就是说无论绩效管理怎么变，最基础的这些部分都不会变。

然后，就是外界大环境变化，以及整体绩效管理理论变革所带来的影响，包括整体考核重点的转移、考核模式的转变和考核重心的变化等。

大数据、人工智能、互联网、云计算等新兴技术的应用，不仅改变着金融行业内部的规则，也变相改变着金融行业的管理方式。

目前，移动端绩效考核平台已经建立，这也就意味着，实时了解考核进程成为可能。管理者的主观认知和感性评价是有可能出现偏差的，但是利用大数据，可以完善对于智力型工作价值的评判，基于大数据的绩效考评，意味着用数据说话，让数据成为决策支撑的主要影响因素。

绩效管理大数据模式下的管理思路，不同于传统的绩效分析，它应该包括完整的对于数据的分析挖掘和建模，还有后期数据偏差的纠正、数据验证和整体体系的完善。

人工智能内置的机器学习能力，能够简单、自动地解决绩效管理问题，但是实际操作过程中的难点在于，你需要收集什么类型的数据去评价？数据量需要达到多少？通过什么渠道来采集汇总这些数据？从成本效益的角度来说，把所有员工的数据采集下来，然后汇总，是非常不可能也是非常不合理的。

所以，很多情况下，即使对于未来的发展方向有了谋划，在实际操作中也需要不停地努力实现和优化。我相信天维信息秉持着持续创新的优势，一定会在未来银行绩效考核创新中取得更大的突破和成就。

第二部分

银行精细化考核理论突破与方法论创新

第二部分
银行精细化考核理论突破与方法论创新

做绩效管理领域的"思想先行者"

——苏家怡专访

银行绩效考核最佳实践研究所(后简称"研究所"),于2014年2月28日在广州天维信息技术股份有限公司正式挂牌成立,是首个由企业领衔并专注于银行绩效管理领域的专业研究机构。

苏家怡是这家专业研究机构的负责人。在她和天维信息的努力下,这家研究所每年都会为全国银行业绩效考核研究输出大量有建树的理论与方法论,从而引领银行绩效考核的发展与变革。研究所的稳步发展,有力地推动天维信息树立起绩效管理领域思想先行者的形象,使天维信息始终处于业界的领先地位。

记者: 银行绩效考核最佳实践研究所成立的背景与初衷是怎样的?

苏家怡: 绩效是企业生存和发展的一个核心主题。如何评价一个组织、团队、个人的绩效?要通过考核机制和制度的创新,来推动组织和个人不断创造绩效,保持企业业绩的持续增长。这是很多银行在管理中面临的核心命题,可以说是管理中最难的一环。通用电器前任首席执行官韦尔奇也说过,绩效管理是一个世界性的难题。

截至2014年,天维信息专注做银行绩效考核领域业务咨询、系统研发和应用推广已有13年,积累了上百家银行的案例,既有考核模型、指标体系,也有考核办法,使天维信息在银行绩效考核体系的建设和管理方面形成了独特的优势,具有丰富的行业知识。金融与绩效管理经验,都是天维信息独特的财富,我们就在思考,如何利用和开发好这些资源,将资源转化为生产力而更好地为客户提供服务。

研究所的成立，本着"学习、探索、创新、实践"的研究宗旨，致力于为各家商业银行提供具有前瞻性和实操性的绩效管理研究、咨询服务。研究所依托天维信息众多的银行绩效考核客户，结合中国银行业的绩效管理实践，以理论和实践相结合的研究方式，将先进的绩效管理模式和迅速发展的信息技术结合在一起，为行业提供更加先进、有效、一体化的绩效管理解决方案。

研究所整合各方资源，在发挥内部资源潜力的同时，邀请研究绩效考核的教授学者、资深行业实战专家顾问，以头脑风暴、研讨会、特定项目等形式，共同对银行绩效管理的难点、热点、前瞻性问题等研究课题开展学习交流和深入探讨，做好原创性的研究与分析，满足客户对绩效管理难点问题的解决方案的需求，帮助客户了解部署绩效管理解决方案所面临的挑战。同时，为他们揭示未来若干年这个领域的发展路线图与前景，为客户实现并保持卓越绩效提供专业化的指导与建议。

研究所汇集整理研究成果的分析报告以及最新的业内资讯等，形成内外刊物，进一步提升天维信息对整个行业的认知及专业度，进一步树立公司在绩效管理领域中思想先行者的形象，使天维信息始终处于业界领先地位，为公司和客户提供服务，充分发挥"智囊团"和"信息库"作用。

记者：研究所主打的两本期刊——《银行绩效考核专刊》和《知行》，在银行业拥有一批忠实的读者，请问这两份期刊的定位有何不同？

苏家怡：《银行绩效考核专刊》创立于 2008 年 7 月。说起创立的初衷，主要是因为做绩效考核很难做出成功案例，只要做出一个相对不错的案例，就想让其他客户尽快了解并加以借鉴。

当时，不要说微信，连微博都还没有出现，手机还是诺基亚等非智能机居多，基于移动端的宣传手段还无法实现。自然而然的，我们就想到了纸质媒体，于是《银行绩效考核专刊》应运而生。我们设计的出发点，突出一个"快"字。两个月出一期，只设置四个栏目：理论探索、案例介绍、客户访谈、动态信息；严格限制篇幅，连面封带底封只有 8 页；要求内容简练、重点突出，要做到客户花三五分钟就能看完，看完放到一边了，还能记住一部分要点。

专刊的这种风格保持至今，获得了广大客户的衷心喜爱，也成为传播最新绩效管理、最佳实践的重要载体，以至于在移动端介质高度发达的今天，专刊的发行量还能做到节节上升，目前每期的发行量已经达到 8000 多本，成为许多客户每期必读的指定刊物。

《银行绩效考核专刊》定位就是理论联系实际，探索先进适用的方法论；精选典型案例，分享经验和启发考核实践；做好客户的深度访谈，传播闪光的思想精髓。它快速架起了天维信息和客户之间、客户和客户之间绩效考核经验分享的桥梁。

不可否认的是，绩效管理是一项系统工程，为一家银行设计绩效管理体系，必须有一套完整的理论来指导。没有理论指导的考核系统，一定是"头疼医头、脚疼医脚"，只见树木不见森林的"改良"方案，难以系统化、体系化，也谈不上什么"效果"。

翻遍国内外的论文著作，很难找到全面的、专业的银行绩效管理相关的研究成果。原因在于绩效管理是一项实践性非常强的工作，使那些躲在书斋中、没有银行管理经验的专家们无从下手。

但是，同时它又是理论性非常强的领域，银行从业人员如果没有受过专业的理论训练，在自身积累的案例又不够多的情况下，也无法进行理论的抽取及规律的归纳。

经过 14 年的积累，天维信息已经在绩效考核的各个层面拥有了丰富的实践经验，将这些经验进行仔细梳理，最终形成系统化、接地气的绩效考核理论，从而填补绩效管理的理论空白。

在研究所刚成立时，我们就策划出版一本杂志，一方面把公司分散在项目中的实践经验进行收集、整理、提炼，总结形成文章；另一方面，让未来研究所的研究成果有一个展现渠道，把我们阶段性的工作成果汇总分享到行业中，为客户提供绩效管理方面的理论和实践的参考。

正是基于这些考虑，《知行》杂志于 2014 年 7 月创立，杂志名称的含义也符合研究所的宗旨：理论与实线相结合，知行合一。

目前《知行》杂志的常规栏目有"行长视点""理论研究""顾问观察""经验交流""工具箱"等，涵盖的内容涉及行业的发展趋势，银行经营管理，银行的业务发展，银行绩效管理的管理、文化、制度、软件等各个层面的方法论、案例实践以及工具，等等。

目前《知行》的每期发行量已经达到 3000 本，在业界产生了比较大的影响力。杂志的作者不仅是天维信息的研究人员、咨询人员等，还有积极参与的客户。我们期待共同将这份小小的杂志发往全国银行业的每个角落，传播银行绩效管理最佳实践，为全国银行的绩效管理能力提升做出有意义、有价值的贡献。

记者：研究所每年出版 6 期《银行绩效考核专刊》、2 期《知行》、1 本绩效考核专著，另外还要发布大量绩效管理报告。很多人说，绩效考核作为一个非常细分的话题，能够写出这么多的研究成果，是一件意想不到的事情。您能否分享一下研究所如此高产的秘密？

苏家怡：研究所之所以比较高产，缘于两方面的原因。

一是在研究所的名字中有一个"最佳实践"的关键词，这就意味着我们的研究所与那些偏学术理论研究的机构不同，不能只是做一些理论上的研究，而是必须要理论与实践相结合。

另外，因为我们是一家由企业发起的研究机构，首先要满足企业在现阶段发展中对业务和技术的需求，但同时，还要推动企业未来的业务、技术进步和核心竞争力的提高。

所以，基于这两点，我们的研究领域空间是非常宽广的、内容是极为丰富的。公司有几百家客户，实践的方法多样化，现有项目的难点和问题也是五花八门，我们都可以去深入地研究。

公司成立之初，大家做头脑风暴，收集目前银行绩效考核面临的热点和难点问题就有几十个。这个工作习惯也成为我们研究所的优良传统。每年年初，我们都广泛开展调研，收集目前大家关注的热点和难点问题，作为我们的课题研究的重点，最终列出的研究课题都是要解决客户的"痛点"，很接地气。

比如，我们当时认为银行中后台考核是一个难题，我们就"集中兵力"、重点突破，研究分析了五六十家银行的中后台考核案例，结合行业先进的理论方法，创新性地提出专门针对银行中后台部门的考核模型——"3K模型"①。这个模型推出后，在客户项目实践中取得良好的应用效果。

所以，我们的研究是以问题为导向的，课题从实践中来，研究成果再应用到实践中去，注重研究成果的转化。因此，我们就形成了极具特色的链条式成果转化机制：理论方法——方案制度——软件工具，最终在项目中执行落地。

这个成果转化机制，也让研究人员研究的成果能够在实践中落地，产出项目效益，形成贡献。研究人员非常有成就感，不断积极地去做相应的研究。

同时，由于研究所的员工均属于高学历、知识型、自主型，故采用了OKR（Objectives & key Results）的目标管理方法，实现团队目标一致、开放透明、团队协作，激发大家自我驱动。敢于设置对公司发展极为重要且有挑战性的目标，高质量成果多，能充分体现研究人员的快速成长与价值创造。

记者：银行绩效考核最佳实践研究所创办以来，为银行绩效考核输出了大量有建树的理论与方法论，在众多的研究成果中，您觉得最有价值的理论、方法论有哪些？

苏家怡：研究所成立以来，每年都会针对银行痛点问题和公司的需求设

---

① 3K模型：全称为"总行部室考核3K指标体系"。"3K"分别为：KPI（关键业绩指标）、KOI（关键任务指标）、KBI（关键行为指标）。

立重点课题进行研究。表1是研究所历年来的重点研究成果。

表1　研究所历年重点研究成果

时间	热点理论与方法	解决问题
2015—	银行绩效管理发展趋势报告	从2015年起，每年度研究、分析国内银行绩效管理发展现状，预测未来1~2年绩效管理发展趋势，进行行业成果发布
2015	客户价值模型	基于客户历史价值、当前价值、潜在价值的全生命周期价值模型（Customer Lifetime Value，CLV），并以此为基础构建以客户为中心的绩效管理体系
2015	中小银行FTP考核体系与实践研究	商业银行实施基于模拟利润考核的"4M"（Measurement、Management、Motivation、Mindset）体系
2016	"3K"考核模型	银行中后台职能部门考核
2017	商业银行绩效管理效果评估模型	商业银行绩效考核效果直观评价呈现
2017	商业银行绩效考核发展四阶段理论	商业银行绩效管理发展路径
2018	绩效考核"五结合"	商业银行绩效管理输入因素
2018	银行价值管理与绩效考核体系研究	以EVA（Economic Value Added）为核心的商业银行价值管理与考核体系建设
2019	中小银行高质量发展考核体系研究	中小银行高质量发展内涵及考核支撑体系
2019	高绩效工作系统研究	高绩效工作系统内涵及评价体质
2020	银行绩效管理成熟度模型	商业银行绩效管理成熟度程度评价
2021	银行IT绩效管理体系	银行IT组织、部门和人员绩效管理体系

记者：在以往的工作中，一定有一些您觉得印象深刻的故事，或者给您

启发、或者非常有趣，您能分享一些故事吗？

苏家怡：研究所在 2016 年开始筹划第一本专著，但是由于诸多原因在 2018 年 3 月才正式立项，书名是《银行绩效管理理论与实践》。我们邀请了公司内部的资深研究人员、一线资深咨询精英、软件研发专家等 12 人组成写作队伍，集体创作完成该书。

由于之前大家都没有写书的经验，这个写作过程非常辛苦，有些同事边做项目边写作，有些是利用周末等假期的时间写作。我们也邀请业内权威专家和学者多次研讨审议、给出意见，作者们都非常努力、认真地反复修改稿件。

3 次正式评审、13 次校改，近 30 万字，在 2019 年 5 月第九届全国银行绩效管理论坛发布。

《银行绩效管理理论与实践》一书得以顺利出版，不仅要感谢公司的高度重视，还非常感谢作者们一年多来的辛勤付出，更感谢业内权威专家和学者的建议，也感谢出版社对本书出版给予的支持和帮助。

记者：您认为银行绩效考核未来大的发展趋势将会是怎样的？

苏家怡：研究所从 2016 年起，每年度都发布《银行绩效管理发展趋势报告》，通过这种形式，简要回顾过去一年宏观经济与银行业发展情况，对绩效考核理论与实践进行总结，对发展趋势作出预判，以期给广大金融机构与同行提供参考。

《2021 年银行绩效管理发展趋势报告》（后简称《报告》）是天维信息第六份对外隆重发布的专业报告。该报告从宏观经济分析到银行业经营、战略与人力资源管理等各维度的预测，最后到趋势洞察与预判，逐层深入。《报告》数据资料来源于数百家银行绩效项目、天维信息研究成果与调查报告及权威官方发布的信息等。

这份《报告》，对银行绩效管理未来发展趋势的预测包含七个方面。一是新治理：党建赋能，引领绩效改革方向。二是新动态：绩效管理能力下沉，更加强调团队考核。三是新流程：围绕以客户为中心价值共创，重塑考核"双循环"。四是新工具：绩效管理成熟度由可定义逐步向已管理迈进。五是新重点：强调技术的战略性地位，凸显 IT 绩效管理重要性。六是新内容："战略 + 人力资源 + 绩效管理"的加速融合。七是新平台：着力高绩效平台的打造，进一步促进各个管理系统高效整合。

记者：请您分享一下银行绩效最佳实践研究所未来的发展规划。

苏家怡：研究所从 2014 年成立开始算起，已经走过 7 年时间，研究所未来如何发展，也是我们重点考虑的问题。

首先，我们计划把研究所升级为研究院。整个研究体系采用"行业中长期关键需求 + 公司中长期关键需求 + 研究所有引领基础"的原则，以问题为导向，在理论方法研究、案例研究、行业研究以及数据应用分析等领域发力，形成方法、工具、对策、建议等成果，目的是形成天维信息研究的核心竞争力和特色品牌，加强研究所在行业中的产品影响力。

其次，扩展目前的研究范围与内容。以前是以绩效管理研究为主，未来会扩展到人力资源领域、银行战略管理领域的研究。

第三，要加强研究成果推广。加大研究专业团队的建设与投入，强化研究机制建设，扩充成果发布渠道，加强对外合作交流等，既要满足天维信息对业务发展研究的需求，又能推动天维信息未来业务发展的提升和核心竞争力的提高。

"绩效管理"绝不能脱离战略管理

——谢振山专访

战略管理是"皮",绩效管理是"毛"。皮之不存,毛将焉附?

不能把"发钱多少"作为衡量考核好坏的标准。

只有让文化和考核形成合力,绩效考核工作才会更具效能。

……

交流中,谢振山总是金句不断,听后令人醍醐灌顶。

作为一名实战经验极为丰富的银行管理者,山西银行金融研究院副院长谢振山在与天维信息多年的合作相处中,对绩效管理有了很多独到的见解和特殊的感悟。银行绩效管理的变革与发展,也见证了这位银行家管理理念的一次次升华。

记者: 您觉得应该如何正确理解"绩效考核""绩效管理""战略管理""人力资源管理""绩效考核管理"这些概念?他们之间有什么关联?

谢振山: 绩效考核很重要,绩效考核管理也很重要。考核是企业内部各种管理资源的凝结。我们常说,绩效考核是一个体系,不能就考核抓考核,要跳出考核抓考核。这就需要把一些相关的基本概念梳理清楚。

绩效管理,既是对一件事做得如何的管理,也是对一个人履职尽责如何、贡献如何的管理;既是基于"事的管理",也是基于"人的管理"。

从基于"事的管理"的角度看,绩效管理是战略管理的范畴。战略管理包括战略分析、战略选择、战略实施,绩效管理可以理解为对战略落地的成效的管理。

从基于"人的管理"的角度看，绩效管理是人力资源管理的范畴。人力资源管理包括选、用、育、留，绩效管理可以理解为对"人"这个最重要资源的贡献、发展的管理。

综上所述，绩效管理可以看作是战略管理和人力资源管理的一个"交叉学科"。

绩效管理要做好，一个重要前提是战略本身要对。战略管理是"皮"，绩效管理是"毛"。皮之不存，毛将焉附？绩效管理说到底是一个依附性存在。不能脱离战略管理来讲绩效管理，更不能把战略失误的"锅"，让绩效管理来"背"。

绩效管理有许多动作要做，绩效考核是其中一个，是最给力环节、最紧要部分。如果说绩效管理是"刀"，那么绩效考核就是"刀刃"。刀刃很重要，但没有刀，也就没有刀刃。对"刀"的管理，就是绩效管理；对"刀刃"的管理，就是绩效考核管理。

在日常工作中，绩效管理循环包括战略执行检视、绩效沟通辅导、绩效政策高层对话等，可称为"大循环"。绩效考核管理包括绩效专员团队辅导、绩效关系、数据监测、日常推动等，可称为"小循环"。大循环和小循环都很重要。没有大循环，小循环就会无力，甚至迷失方向；没有小循环，大循环就失去支撑，就会落空。

记者：您认为，战略绩效考核（管理）的价值如何体现出来？

谢振山：战略绩效考核，或者说战略绩效考核管理的价值，只能体现在战略落地的成效上，而非其他。考核，是成功还是不成功，从根本上说，就是要看战略上要的东西要到了没有、要到了多少，战略目标达到了什么程度。

在这个过程中，要注意两个认识上的误区。

一个是，不能把"发钱多少"作为衡量考核好坏的标准。发钱多，不代表战略目标完成得好。发钱只是考核的副产品。一般而言，发钱越多，说明目标完成越好、效益越好，但也有例外，要防止管理者"市恩"。为了小利益而损害大利益，是战略绩效考核的"毒药"。

另一个是，不能把考核理解为就是要分清责任。权责利都很重要，权限配置、责任配置是做事的前提，利益分配是做成事之后的一个动作。考核是为了激励做成事，是把各种资源向做成事方向去配置的"指挥棒"。要致力于改善绩效。应立足于向前看，去协力解决问题，而不是在该谁负责上推来推去、纠缠不休。

总之，不能盯着钱，也不能盯着免责，而是要盯目标、盯大方向。只有紧紧盯住有价值、有挑战、可衡量的目标，让重要的事紧急起来，让所有人都围绕重要的事有效行动起来，战略绩效考核的价值才能得以彰显。

记者：实行战略绩效考核（管理）的条件有哪些？您认为成熟的战略绩效管理体系应该是怎样的？

谢振山：实行战略绩效考核和战略绩效管理，应具备两个条件：第一，要有清晰的、可执行的战略；第二，要有一个坚定抓战略执行的队长，尤其是"一把手"。离开这两个条件，讲战略绩效就是空话。

在我看来，成熟的战略绩效管理体系应当是紧紧盯住目标，始终不脱离目标。不偏离目标的，应当是紧密结合实际、始终有抓手而且抓得很紧、抓得很实的，应当是丝丝相扣、无缝衔接、浑然一体、协同一致的。

这当中有几个要点，需要重点注意。

第一，要有"打飞靶"的意识，始终把变化纳入计划。在巨大的不确定因素下，战略目标需要持续微调，甚至大调。

第二，要重视各个层次、各个环节之间大目标和小目标、左目标和右目标之间的连接点，要始终抓紧、抓实。

第三，要注重绩效目标和绩效执行反馈的沟通。沟通很日常，但极其重要，只有在反复沟通中，共识和合力才能逐步形成。

第四，一定要有专门的绩效管理团队。绩效管理要渗透到各个战斗序列中，要体系化。从战略部门出发，构建绩效管理体系，应当是比较合理的。

记者：推行战略绩效考核（管理）容易遇到的误区与困难有哪些？

谢振山：从实务来看，推行战略绩效考核，容易陷入一些误区。

一是考核虚化。定性工作难考核，这是个通病，需持续破题，但不能把战略绩效考核理解为只有定性考核。定量考核毕竟还是主体。战略目标要落在资产负债管理工作上，要衔接好，把"龙头"舞起来。这个点接不住，考核就会虚化。

二是考核僵化。在巨大的不确定因素下，战略风险是最大的风险。必须很敏锐，该调整时就要快速调整，不能僵化。考核"指挥棒"不能指挥错。

三是考核事务主义化。对定性考核，不能只是干什么考核什么，要抓关键结果。"眉毛胡子一把抓"，必然会把真正的战略目标冲淡，甚至弄没。

四是考核形式化。有的企业由被考核对象列计划，以此作为考核目标，是极为错误的。这与战略实际上是脱钩的。再加上片面强调留痕、重痕不重绩，形式主义就会更加严重。

如果陷入这些误区，战略绩效考核就会很糟糕，甚至比一般的考核思路还要坏。要克服这些困难，就需要持续地端正"战略绩效观"，真正在"考核什么"的问题上把功夫下到，把功课做足。

记者：您如何看待"绩效主义毁了索尼"事件？

谢振山：索尼公司在反思自己被苹果和三星超越的教训时，有一种观点是"绩效主义毁了索尼"，认为美国式绩效主义引入索尼公司后水土不服，冲击了其创新文化，从而使索尼从创新先锋沦为落伍者。

就我理解，这是一种"归罪于外"，是一种"事后诸葛亮"，说到底，是一个从实际出发、还是"从本本出发"的问题。

实际上，需要对这样几个要点做出辨析。

第一，"绩效主义"何指？我们常听到"绩效主义"这个词，带有贬义。事实上，它应当是个中性词。所谓"绩效主义"，应当是指对绩效管理特别重视、期望绩效考核能解决企业管理中诸多棘手问题、甚至完全把绩效考核作为管理出发点的一种认知。从历史起源看，是美国迫于职场反歧视运动的压力，为维护处于弱势地位的劳工的权益，在劳工关系有争议的司法实践中关注绩效评价工具的选择，且采用举证责任倒置，这就从客观上对企业形成一个倒逼，就是企业要清晰界定每一位员工在特定工作领域内的责任、绩效标准以及依据评价结果而确定的奖惩办法，在员工绩效管理上尽可能做到定量化、精准化。"绩效主义"从源头论，有其特定内涵，一般认为就是对绩效管理特别重视、推崇的这样一种认知。

第二，索尼的反思对不对？作为管理史上一个重要事件，索尼对"绩效主义"的反思当然是有意义的。但究竟是"种子"不好，还是"土壤"不好？最重要的"土壤"就是文化，东方文化和西方文化是有差异的。事实上，任何企业都有自己的具体情况，学习引进任何东西都要考虑水土适应性的问题。对"种子"做改良是必要的。我的观点是，不是"绩效主义"毁了索尼，而是引进绩效管理的操作欠妥，成为影响索尼的一个重要因素。

第三，索尼的反思给我们什么启示？主要有三点。一是破除"绩效考核万能论"。绩效考核是"指挥棒"，不是绝对的，是相对的，在一定条件下才可以成立。二是警惕"绩效考核精细化"陷阱。精细化受很多制约，并非想到就能做到；也并不是越精细越好，"方向对"永远是第一位的。三是要重视文化的力量。考核很重要、利益激励很重要，但不能形成给钱才干活、给多少钱干多少活的氛围。只有让企业文化做起来，引导员工为使命、愿景而奋斗，文化和考核形成合力，绩效考核工作才会更具效能。

记者：随着内外部环境变化，您认为银行绩效考核（管理）的发展趋势是怎样的？

谢振山：从目前看，绩效考核的趋势可概括为"三去一加"。

去中间化。随着技术进步，穿透式、一竿子插到底的考核越来越具备可行性。

去目标化。靠人为下指标，总是难以做到科学，既耗费沟通成本，又给投机取巧留下了空间。从主观定任务指标，走向重点看客观的价值创造，应当是个趋势。

去架构化。谁挣多少钱，主要由其做的事是什么，以及做得怎么样来决定，逐步与其岗位、职级、身份及相应的理论薪酬脱钩。这样就逐步摆脱了"组织结构不稳定就难以做考核"的束缚。

考核中增加社会责任的因素。是否有价值、贡献大小，不仅看对企业创造利润的促进，还要看对企业社会责任的担当。这个趋势也很明显。

记者：您认为要建设一个好的绩效考核系统，有哪些方法论或关键点？

谢振山：绩效考核系统的建设，除了纯技术方面，我认为在思想方法上有两个关键点必须把握。

一是精准化。考核一定要把绩效关系搞准，是谁的就是谁的，既不能劳而无功，也不能不劳而获。系统无法界定的，就要允许管理者或事项牵头人做二次分配。不能期望数字化解决一切问题，要防止简单化处理。纯数字化的，恰恰是不精准的，因为只要需要现场，现场的东西就不可能全都实现数字化，人的因素永远是需要的。

二是细分化。考核的各个要素都要尽量细分，这样便于适应各种绩效思路和绩效政策，能够根据各种需要做整合、连接。要做透、做活，不能做死。也就是说，绩效考核的思想可以一直发展，甚至"开倒车""走回头路"，都无所谓，系统都可以支持，都可以实现。

记者：对于有一定规模的银行，分支机构差异大。请问采用"总行一盘棋"的考核模式与各分支机构自主考核，各有什么利弊？

谢振山：这是一个很常见、也很经典的问题。问题的本质是：怎样防止"一收就死""一放就乱"？对此，我有以下几个观点，希望能够抛砖引玉。

第一，考核体制由管理体制决定。谁考核，取决于谁管理。谁管理、谁考核，是一个很顺畅的逻辑关系。这当中有一些细微的要害点需要关注。

比如对定性的工作应层层压实、层层考核，应尊重被考核者直接上级的意见，因为他了解情况。若片面强调一竿子插到底，考核就成了凭印象、拍脑门。

有时候领导只是顶个名，实际上管理的动作不在他这，那这个考核如果非要由他做，就变了味。

还有的是流程中的节点在管，和谁是领导没关系，那就只能由实际做管理动作的节点上的人来考核，而不应只是由领导考核。考核体制一定是由管理体制所决定的，这一点必须清晰。以条为主的管理、以块为主的管理以及条块结合的管理，在具体模式上有差异，相应的，其考核的模式也应当各自不同。

如果讲考核体制，脱离开管理体制来讲，那就会很荒谬。在实际工作中，这种荒谬会发生吗？会的，至少在两种情形下会发生。一种，是在管理体制思维下，一切考核都是领导说了算，不是看谁在管，而是看谁是名义上的管理者。另一种，是在简单化思维下，为了省事，把考核变成了走程序，只要程序走到，有人签字就行，不愿多花些力气。所以，谁管理、谁考核，看似很朴素的一句话，但要认真落实起来，还是有一定难度的。

第二，"总行一盘棋"考核与各分支机构自主考核各有利弊，不存在绝对的好与不好。因管理决定考核，讲如何考核，在很大程度上就是探讨如何管理。"总行一盘棋"考核就是以条为主，利在不容易失控和可确保战略执行不走样，弊在易僵化和难以接地气。各分支机构自主考核就是以块为主，利在灵活机动和可结合实际实施一些创造性动作，弊在易失控和战略落地中易与总部期望发生偏离。

以条为主还是以块为主，各有好处，也都存在不足。不存在十全十美的模式，关键在于适合性。管理是科学也是艺术，对任何管理模式和考核模式都不能"迷信"，毕竟有效才是硬道理。

第三，考核模式如何选择，要具体情况具体分析。考核模式、管理模式，无论选哪个都有利有弊，那么不选行不行？不选择是最大的弊。肯定得有个规则，没有规则就会弊病丛生。

这当中主要是具体情况具体分析的问题。任何局外人都无法精准研判何种选择是对的，只能给出一些参考性意见，做决断要靠自己。因为只有自己最了解情况，也只有自己才会真正对这个事的结果负责任。在这个过程中，从组织的层面究竟要什么，组织的资源究竟有什么，哪些能做到、哪些做不到，对这些最基本的"家底"一定要梳理清楚。

第四，即使采用各分支机构自主考核，总行也要有统一的绩效政策框架。所谓考核，就是要指挥被考核者向考核者想要的目标去冲锋。作为总行，当然要把自己的意志贯彻下去。如果各自为战，没有一个大的"盘子"，那就乱套了，也就说不上绩效。也就是说，各分支机构可以自己指挥作战，但必须在总行政策的框架下进行，要把总行定的目标作为必保或优先选项。

另一方面，总行可以为分支机构提供的资源支持也要事先讲清楚，防止出现倒逼，甚至一而再、再而三地"补窟窿"、填亏空。要防止分支机构把考核作为与总行博弈的工具。

第五，即使采用"总行一盘棋"考核，也要赋予各分支机构一定的自主决定权。考核是一个体系，需要各层级、各方面、各环节丝丝相扣，协力完成，并非哪个"大神"可以独立完成的。考核过程必然是一个多方协调的过程，所谓哪个考核模式，只是讲由谁做主导的不同而已。在"总行一盘棋"考核模式下，分支机构当然要有一定自主权，要结合自身实际采取一些个性化措施。事实上，不仅分支机构要有一定自主权，各层级、各方面、各环节都要有。"一盘棋"不等于"一刀切"。若不明白此点，那就会一管就死，必然走向"总行一盘棋"考核良好愿望的反面。

第六，管理体制、考核体制中条块关系的处理要考虑内部资源支持因素，也要考虑大环境文化匹配因素。总行希望以条为主，分支机构希望以块为主，都是从各自的立场出发，可以理解。但究竟应如何选择，不仅是主观意愿谁更强烈或者说谁更有话语权的问题，而是要看客观条件，是否具备实施某一种模式的条件。

据我的观察，主要有两个重要因素制约。

一是内部资源支持。如总行的人员素质强不强，有没有权威性。如果总行很弱，强推条线管理、垂直化管理、事业部制等，就不容易成功。又如合规文化、内控机制的有效性，如果是失效的，推行分支机构自主考核就会更加助推这种失效，很可能形成颠覆性的风险。

二是大环境氛围。任何组织都不是活在真空中，都要受环境因素的影响。如果一个地方营商环境良好，大家做事都讲规则，以条为主的管理就很适合。如果营商环境差，办任何事都得托人找关系，人情关系浓厚，那就得靠分支机构去协调，适合实行以块为主的管理模式。好多事业部制改革难以实行，在很大程度上就是受这个环境因素的影响。

以"绩效管理"强化经营战略传导

——吴刚专访

随着经济环境、监管环境、竞争环境的改变,农村中小银行的经营模式也发生了很大的变化,逐步由"追求规模的粗放型"向"强调质量效益的集约型"转变,与之相配套的绩效考核也与时俱进,逐步由以利润最大化为核心的"盈利能力考核"向以价值管理为核心的"综合效益考核"转变。

面对新的发展形势,陕西省农村信用社联合社(后简称"陕西信合")如何完善绩效考核体系,更好地推动辖内基层行社管理升级?

陕西信合党委委员、副主任吴刚针对如何更好地发挥"绩效赋能、转型创新",提出了自己的观点。

记者:我们了解到,陕西信合建立了全省一体化客户经理绩效管理模式,陕西信合为什么将绩效考核作为转型的关键一步?能否从发展的角度分析客户经理绩效管理的目的性?

吴刚:我们必须要承认的是,绩效管理是经营战略转型发展的刚性需求。

客户经理绩效管理,是陕西信合"支农、支小、支实,支持县域及地方经济发展"经营战略扎实落地的有效保障,是陕西信合业务经营发展的"指挥棒"。

陕西信合通过建立全省一体化客户经理绩效管理模式,垂直打通了省联社—审计中心—行社—网点—客户经理的理念传导链条。

从2017年起,陕西信合全面推动信贷业务发展模式转型,通过"抓两端、精中间"(指通过建立名单制,精准营销机制,挖掘筛选优质客户,通过贷款专营和网格化营销做精做细普惠金融市场，通过贷款专营做精、做透、做专、做细相关行业，全面提升专业化金融服务能力）的发展思路，解决客户经理"做什么"的方向问题，通过常态化开展客户经理培训、业务技能测试，解决客户经理"怎么做"的技能问题。方向和技能都有了，剩下的就是要给客户经理再"加把劲儿"，而绩效管理就是要解决这个动力问题。

银行的经营战略要想精准落地到执行这一环节，绩效管理是人员管理最有力和最有效的抓手。通过绩效考核，能够解决"考核到人、兑现到人、激励到人"的难题，引导员工的绩效目标与全省农信机构的经营目标协调一致，激发员工业务营销的主动性和积极性，增强经营战略执行的内生动力。

记者：请您介绍一下，陕西信合在着手建设客户经理绩效管理体系时，内外部的发展环境是怎样的？基层行社在发展中存在哪些比较突出的矛盾？

吴刚：可以说，当初建设客户经理绩效管理体系是形势所迫。外有同业竞争加剧、客户理念急剧变化的大环境，内有经营管理人情化、薪酬分配平均化等管理问题，夹在如此环境中，陕西信合必须主动出击。

从外部环境看：各大商业银行先后开启了绩效管理改革，通过绩效考核管理将发展战略贯彻到各级管理层及每位员工。绩效考核与综合业绩考评挂钩，业绩激励成效突显，员工积极性提升。这些银行将目标客户群下沉至县域，同业竞争进一步加剧。此外，随着互联网、社交媒体、移动终端设备的快速发展，客户需求、偏好和消费习惯也快速变化。微信、支付宝借助支付场景形成金融消费闭环，传统金融营销手段受到剧烈冲击，陕西信合市场份额受到比较大的挤压。

从内部环境看：虽然农村金融机构的决策权和执行权均集中于行社高管，具有决策链条短、机制灵活等优势，但受个人学识、阅历，政策水平等因素的影响，行社经营理念容易带有行社高管的"个人烙印"及"二次加工"，容易造成对陕西信合经营战略的理解不充分和执行力度不足。

在绩效文化上，行社业务增长主要依靠网点负责人，薪酬分配向网点负责人倾斜，网点内部"平均主义"现象突出，难以充分挖掘每一位客户经理的营销潜力。粗放式的绩效管理方式催生了"向存量要增量"的业务发展模式，容易出现信贷资源向个别大客户集中、脱离金融服务普惠性的现象。

在绩效考核方案上，基层行社为冲刺完成单项指标，往往随意调整绩效考核方案，使本应为经营战略保驾护航的绩效管理，变成了突击达成短期目标的"万金油"。

在数据处理上，农村金融机构采用二级法人管理体制，基层行社经营管理相对独立和封闭，绩效管理指标体系不规范，电子化水平较低，不能适应信息化管理对于数据统一处理的需求，也限制了省联社科技研发平台优势的发挥。

记者：我们了解到，陕西信合提出建设一个面向全员、体现业绩导向、与全面风险管理和监管要求相匹配的绩效考核管理体系。那么，具体到经营层面，针对客户经理绩效管理的目标是什么？成效如何？

吴刚：陕西信合为有效引导各行社聚焦服务实体经济主责主业、做实"三农"及小微金融服务，实现陕西信合业务转型，实现可持续发展，提出了"'统一平台、个性实现'的全省一体化客户经理绩效管理模式"，即陕西信合搭建全省绩效管理云平台，建立一个以全省统一指标体系为主，行社个性化指标为辅的绩效考核指标体系。统一指标体系由陕西信合依据全省农信机构经营管理要求制定和调整，保障全省农信机构经营战略落地；个性化指标由基层行社自行选取调用，满足自身业务补短板的考核需求。

陕西信合通过对主指标的绩效考核权重管理，调节业务指标营销导向，统筹全省农信机构整体业务发展和基层行社特色化业务方向之间的协调管理。

经过两年的客户经理绩效管理体系建设，陕西信合的经营理念传导及客户经理激励效果显著。

从"支农支小"经营定位看，陕西信合发布了涉农贷款、普惠型贷款等个人计价指标单价指导意见，引导基层行社加快支农支小信贷投放。2020

年，陕西信合涉农贷款增速达 9.58%，普惠型小微企业贷款增速达 17.30%。

从基层行社经营成效看，优先完成客户经理绩效项目的试点行社，业务经营稳健发展，目标经营考核排名稳步提升。在 2020 年陕西省目标经营考核中，客户经理绩效项目试点开展较为扎实的三家行社，分别较上年排位进步 65 位次、63 位次、42 位次。

从客户经理队伍建设看，绩效资源向业务营销倾斜的导向很明显，客户经理绩效项目的实施吸引了大批年轻员工，尤其是年轻业务骨干主动加入客户经理队伍。2020 年下半年，陕西信合客户经理人数增加 12.31%。

结　语

绩效改革永远在路上。

吴刚表示，下一步，陕西信合将不断总结绩效管理改革的得与失，进一步推进绩效管理体系建设，加强绩效文化宣导，强化经营战略传导，促进各项业务高质量发展，助力乡村振兴战略全面实施和县域经济快速发展，为陕西社会经济平稳运行贡献信合力量。

绩效管理是一场不断变化的"比赛规则"

——卞玉叶专访

"人是企业最宝贵的资源。"这是江苏大丰农商银行董事长卞玉叶经常说的一句话。这家农商银行在人才管理上遵循"企业始于人，止于人"的思想，通过绩效管理、薪酬管理和"赛马"机制，不断实践、总结、创新。

经过10年的发展，这家农商银行坚持党管金融、战略引领、价值导向，走出了一条契合地方经济发展，具有自身特色的高质量、内涵式发展之路。

在采访中，卞玉叶董事长详细介绍了江苏大丰农商银行在数字化转型、精细化管理、绩效考核管理等方面的经验和体会。他多次强调："绩效管理是一场不断变化的比赛规则，是领导的指挥棒，需要持续提升和完善。"

记者：您任职江苏大丰农商银行董事长以来，江苏大丰农商银行各项业务发展情况是怎样的？

卞玉叶：江苏大丰农商银行于2011年11月挂牌成立，前身是盐城市首家农村合作银行。目前设有1个营业部、42家支行，含盐城市郊在内共有45家支行，在贵州收购了1家科技村镇银行。在岗员工本科以上学历占比86.48%，硕士及以上学历有20多人，其中博士学历1人。

我从2012年6月开始担任江苏大丰农商银行董事长，和同志们积极应对复杂的经济金融形势和激烈的市场竞争，坚持党管金融、坚持战略引领、坚持价值导向，走出一条契合地方经济发展，具有自身特色的高质量、内涵式发展之路，在业内和社会上也赢得了良好的口碑。

规模总量不断增长。至2020年年末，全行资产规模突破500亿元，存款比转型前增长了 3.56 倍；贷款比转型前增长了 3.53 倍。存贷总量和市场份额在当地银行业均排名第一，国际业务结算量也名列前茅。

质量效益持续提升。坚持效益兴行、质量立行，提高精细化经营管理能力。2020 年账面利润在全省同系统排名前十。不良贷款保持"双降"态势，不良占比处于较低水平，各项监管指标总体良好。

服务地方成效明显。把加大实体贷款投放作为"头版头条"，制造业贷款和民营企业贷款投放在当地银行业排在前列；贷款客户数从转型前的只有几千户增加到目前的 6 万多户，金融便民服务网络实现全覆盖；连续多年纳税超 2 亿元，充分发挥地方金融主力军作用。

业务转型不断深化。大力推进传统业务向多元化业务转变，线下业务向线上业务转移，全面推广电子银行、互联网银行、交易银行、零售银行、国际业务；打造"互联网+普惠金融"特色；实施"阳光信贷"、社保卡"一卡通"、二维码商户、ETC 客户拓展等一系列基础性工作；开办了理财、贵金属、衍生品等新型业务。

品牌形象稳步提高。荣获"第五届全国文明单位""江苏省先进基层党组织""江苏省银行业小微企业金融服务工作先进单位""盐城市争星创优五星企业"等称号及"江苏省五一劳动奖状""盐城市综合先进奖"等荣誉。

记者：江苏大丰农商银行在数字化转型之路上砥砺前行、积极探索，在转型过程中，采取了哪些策略来保障转型成功？

卞玉叶：数字化转型是银行适应新形势发展的必经之路，我行在这方面启动较早，展开了一系列的探索。目前转型成效主要体现在客户体验、业务拓展和风险管理三个方面。

客户体验不断提升。实施转型以来，我们加大了大数据、云计算等先进技术在信贷业务准入、风险管理方面的运用，加大线上产品创新，简化客户办贷手续，申请时长从原来的"按天计算"简化到"按分钟计算"，极大地提升了客户的体验感。

业务拓展更加高效。数字化转型将实现用数字记录所有的客户情况、客户经理的操作,尽量让数据多跑路、客户经理少操作、客户少跑路。从"客户端"到"员工端"的业务办理时间都大大缩短了,提高了办贷效率,降低了人力资源成本。

风险管理更加全面。实现贷款业务的管理数字化后,能够在客户准入时、贷款发放后及时预警风险因素,提早介入客户风险化解,能够大大提升风险管控水平。

围绕数字化转型,我们重点开展了从客户到运营,再到渠道、营销等方面的一系列举措,我重点从五个方面作简单介绍。

转变思维方式。由"以产品为中心"向"以客户为中心"转变,以一切为了"人"的满足为目标,改进和完善用户体验。依托大数据,进一步挖掘和洞察客户金融需求;以网贷、社保卡、二维码、ETC等为起点,构建全方位、多层次的服务网络,实现各个渠道之间协同互补、传递统一,建立全功能的"获客"通道。

实施业务转型。重构全面高效的营销平台,通过大数据、云计算、人工智能等金融科技实现精准"获客"、精准营销。依据市场和客户需求,差异化、个性化定制和迭代金融产品,由"千人一面"向"千人千面"转变,满足用户多元化需求和体验。不断转换营销理念,加强营销团队整合,搭建符合本行特色的营销平台,不断变革营销模式,整合营销资源。

探索场景金融。以移动互联网、智能设备为载体,深度挖掘客户需求。充分用好"一张卡",实施社保卡为民办实事工程。布好"一张网",打造互联网金融特色,与客户的吃穿住行和生产经营活动"无缝对接"。大力发展亲子金融、养老金融、社区金融、品牌金融等"四大金融",打造从出生到养老的一整套全生命周期服务体系,把金融服务嵌入到各类场景中,与客户需求"无缝衔接"。

增进管理协作。树立全行"一盘棋"的理念,在战略规划、渠道建设、风险管控、人才培养、科技建设等方面,建立完善支持体系以及配套机制,使数字化应用贯穿管理、决策、营销等各个环节。不仅在技术层面单点发力，而且坚持由点及面、由业务带动管理决策，推动精细化管理，实现部门之间科学分工，加强协作，提高响应速度。

坚持人才为先。建立健全科技人才选、育、留体系，拓宽人才引进渠道，常态化开展数字化转型等专题培训，加强业务和技术部门人员岗位交流，培养复合型人才；完善人才结构和薪酬激励制度，大胆提拔使用在业务、产品、技术等方面能力和业绩突出的创新人员；广泛开展"学业务、学技术、争当创新能手"等主题活动，造浓争先创优氛围，加快建立各类人才库，为数字化转型奠定坚实基础。

记者：请您介绍一下，江苏大丰农商银行精细化管理体系的设计思路与架构是怎样的？

卞玉叶：我个人认为，精细化管理是中小银行应对新形势下的市场竞争、支撑转型发展的核心所在。我行精细化管理主要围绕成本管控、科技赋能和机制改革等方面展开。

强化成本管控。一是实行严格的财务预算执行制度，用科技系统支撑预算执行，每月分析研究，预决算准确率超90%。二是坚持客观性和谨慎性原则，以夯实家底为目标，强化财务管理，确保财务成本真实性、准确性，实现社会效益、股东效益、员工效益的平衡。三是合理管控资金成本、风险成本和人工成本。

坚持科技赋能。一是坚定不移地加大科技投入，以IT为基础、以平台为载体，打造智能化办公、互联网获客、大数据运用、风险管理"四大平台"，建成国内领先的数据中心和科研基地。二是增强人工智能投入，利用电子渠道、互联网渠道，实现业务办理自动化、系统化、流程化。三是走以科技支撑小银行高质量发展之路，打造了一支层次较高的科技人才队伍。

深化机制改革。一是深化网点转型改革。持之以恒推进传统网点转型，因地制宜建设多形态网点，提升服务承载能力，大力推行1、3、5人网点。

实现智能化设备全覆盖部署，90%以上的业务不在柜面，90%以上的贷款不在柜面。二是深化部门改革。对前台部门内部市场化运作，对中后台部门事业部制改革。以运营条线改革为例，工资费用总额实行包干5年不增加，但人均薪酬每年不断提高。三是深化薪酬绩效改革。完善绩效考核体系，建设绩效管理系统，探索中后台绩效改革，真正实现全员绩效考核。实施技术等级评定并放宽范围，提升特殊贡献人员的薪酬待遇，鼓励有能力的人才多创新。四是深化用人机制改革。完善人才培养、培训、选拔、引进、激励机制。近年来招引大学生、熟练工、技术人才245人；实施管理人员竞聘竞岗，有60多名年轻同志脱颖而出；通过员工双选，实现人岗匹配，没有一个人"清闲"。五是深化服务机制改革。以打造"最快银行"为目标，依托科技支撑，持续创新产品，优化服务流程，严格执行首问负责、限时答复、限时办结等要求，加强服务标准化建设，提升获客能力和品牌形象。

记者："绩效考核不是万能的，没有考核是万万不能的。"在整个精细化管理体系中，"绩效考核"的作用是什么？请您谈谈贵行是如何用好绩效考核这个抓手的？

卞玉叶：绩效考核确实是非常重要的，这是我个人的深切体会。科学合理的绩效考核是传递政策导向、贯彻发展战略的有效手段，是推动业务高质量、可持续发展的有效途径，能够发挥"指挥棒"的作用。

我很早就开始研究绩效考核，并且尝试通过系统进行支撑。结合多年来的实践看，随着内外部形势、管理能力提升等变化，绩效改革是从简单的、手工的操作，到稍微复杂的操作，并配套强有力的科技系统支撑。目前我们在做的，就是让绩效从复杂化到简单化，更加方便操作。

多年的实践证明，没有一考就灵的"偏方"。要用好考核，发挥考核的作用，必须要把绩效考核和流程再造、岗位竞聘、违规处理等其他管理手段有效结合，用考核发现问题、用管理解决问题，提升整体效果。重点要建立健全绩效管理和薪酬管理一体化的体系。绩效管理层面，需要激发员工工作激情，提升工作积极性、主动性和创造性；提升行内协同作战能力，形成高效内部体系；提升对外竞争能力，持续吸引优秀人才。薪酬管理层面，通过薪酬绩效管理体系的建立健全，实现多劳多得、奖勤罚懒、适当差异、鼓励竞争、联动合作。

我行具体的做法体现在以下四个方面。

一是健全激励奖惩机制。充分体现以业绩为导向的考核思路，强化正负激励机制，做到奖惩分明，将问责、追责制度落到实处。

二是推动体系方案落地。结合战略目标和发展现状，建立一套完整的绩效考核体系；兼顾"发展性、先进性、精细化、差异化"的原则，制定符合市场导向的绩效考核方案；同时将基于上述指标考核体系的绩效考核系统落实。

三是加强绩效考核管理。制定明晰的绩效运作流程，保证考核监控和指导等过程管理及时正确开展。开展绩效结果分析，检验战略目标完成情况，找出工作短板，提出改进建议；建立绩效反馈机制，加强与被考核对象交流，及时改进问题及不足之处，提高绩效考核效率；开展绩效考核评价，公平、公正评价员工绩效表现，将考核结果运用于岗位调整、职务晋升等员工发展方面。

四是加强考核队伍建设。打造一支高质量的专业绩效考核队伍，在各条线、部门设立绩效考核专员，为绩效考核团队提供咨询服务及培训，弘扬绩效考核理念，传播绩效考核文化，帮助我行建立高效运作的绩效考核团队。

记者：您如何看待"一把手"在绩效改革中的作用？

卞玉叶：绩效考核看似简单，其实是一项复杂的系统工程，绩效考核涉及全辖人员。首先，高管层要重视支持，考核也要根据战略发展来制定。其次，不管遇到多大阻力，必须强势推进，考核措施一定要到位。另外，绩效坚决按系统兑现，不能因为个性问题而去怀疑绩效考核的效能，坚决执行考核兑现，才能体现考核严肃性，让员工重视考核，保证效果。总之，要先强化，后优化，再固化，在执行中逐步转变理念思维。

所以说绩效考核工程是"一把手"工程，需要主要负责人亲自参与。考核建设初期要参与方案制定、理念宣传、员工绩效座谈，磨合期需要参与方案讨论优化，成熟期则需要关注战略与考核方案对接，以及全行资源统筹规划和整合，并在执行过程中予以坚定不移的支持。

我本人担任行内绩效考核项目主要负责人，在考核方案制定、绩效方案宣讲培训、绩效沟通座谈等过程中都会亲自参与。特别是在绩效工资兑现后，我会参与员工绩效面谈，解答相关考核疑问。同时，我也会定期参加座谈，到支行走访调查，听取反馈意见。另外，总行还成立专门的工作组，建立专门团队，注意在日常工作中培养这方面的专业人才。

记者：江苏大丰农商银行的绩效考核发展之路可以分为哪几个阶段？每个阶段的特点及建设重点又是什么？

卞玉叶：如果按照考核的阶段性重点内容不同，我可以把我行的绩效考核发展划分为六个阶段。

第一个阶段：从手工粗放式考核到信息化系统考核。

2012年下半年开始，我们引入新的绩效考核管理模式，重新设计绩效考核体系，开发线上绩效管理系统。

第二个阶段：FTP（内部资金转移）考核，部分模拟利润考核。

上线管会系统，实行FTP考核，对贷款按机构进行成本分摊，核算最小粒度账户的模拟利润，向上汇总对应的客户、产品、账务机构利润，并通过行员业绩关系，计算行员、机构考核口径模拟利润，实行精细化核算。

第三个阶段：KPI、关键行为考核。

在推进绩效考核中，我们的原则是，能够定量考核的尽量定量考核，不能定量考核的，用关键性的、可以控制的行为进行考核。

第四个阶段：承包制考核。

工资费用全额承包，承包到部门和网点。

第五个阶段：产品考核。

对个人的产品实行计价制，如对邀约贷款、ETC、二维码等这些标准化的产品直接计价。现在我行一共有八个系列产品，都进行了标准化计价。

第六个阶段：以客户价值为目的的考核。

以客户对我行的价值开展考核，是不是优质客户，需要通过价值进行考核。目前，我行正处于这一阶段，也正在不断地完善改进中。

记者：江苏大丰农商银行创新了很多优秀、有效的考核思路，您是否可以分享中后台考核思路以及事业部的考核思路？

卞玉叶：我行自2015年开始不断深化"事业部"制考核，目前所有业务条线、部门、支行均采用事业部制考核模式。采取"薪酬包干"制考核，即薪酬包考核，把薪酬划拨至条线、支行或部门，然后由各单位根据内部考核办法进行薪酬二次考核、分配。

下面，我分别从事业部和中后台两个方面介绍一下。

（一）事业部考核思路

1. "事业部"制考核下的薪酬管理

员工薪酬由基本工资、等级工资、绩效工资、中长期激励等构成。其中，绩效工资实行事业部制考核发放，其核心理念是"薪酬费用包干"和"增人不增资、减人不减资"。总行将基层负责人营销的业绩和总行阶段性推动考核的薪酬以及营销费用考核到支行及部门资金池，作为基层目标考核的资金来源。分配给员工的薪酬费用由员工运用，在报销合理的营销费用后作为个人绩效工资。

2. "事业部"制考核模式

我行"事业部"制考核可分为三种不同实现模式。

一是前台部门"事业部"制考核，代表性部门为资金市场部、资产保全部。采用一般意义上的"事业部"制考核形式，根据事业部创造的利润，计提部门薪酬池，再由事业部根据内部考核办法，进行薪酬分配。部门薪酬池包括资金池和费用池。部门费用池用于部门各项费用支出，包括营销费用、招待费用，当年未用完费用可延至来年使用。

二是条线"事业部"制考核，代表性条线为运营条线。人员工资全部由运营管理部根据工资总额标准（总行核定条线薪酬总包）制定，部门日常运营费用和各网点印刷费、差旅费和公杂费也从条线费用池中列支。费用总额根据部门总经理竞聘中标金额按规定使用，全年统算，超支部分按比例等额扣减总经理薪酬。

三是支行"事业部"制考核。支行作为营销单位，向总行各条线"要产品"，实行工资及费用包干，由支行行长统筹制定本单位考核办法；经审核通过后再对绩效进行二次分配。绩效考核系统支持每家支行配置个性化考核方案，保证考核时效，所有员工均能随时查看个人业绩及绩效。

（二）中后台考核思路

对一级部门采用事业部运营模式。即部门负责人与总行签订责任状，在责任状竞聘期限内完成相应的经营目标任务，即可获得相应资金及费用。对于采用承包制考核的部门，采用层级式考核，即总行考核部门，部门考核员工。

整体考核体系包括 KPI、关键工作任务和评价指标三大类。借助流程银行系统数据，引入关键行为考核指标，对员工工作时效性、质量、数量等维度进行评价，计算考核绩效。

考核周期频率设置有年度考核、阶段性考核、月度考核，考核方法为定量指标按完成率计分、关键任务指标系统计分、评价指标执行部门评价等多种方式相结合。

记者：围绕绩效考核管理，贵行下一阶段的重点研究、建设目标有哪些？

卞玉叶：绩效管理是一场不断变化的"比赛规则"，需要持续进行优化和完善。一方面，需要不断地优化完善以适应银行发展战略目标、内部管理机制等变化。另一方面，也需要基于高质量的考核体系建设要求，不断解决执行过程中出现的问题，优化完善机制及流程。

下一阶段，在绩效管理中我行需要重点建设和完善的方向主要有六个方面。

一是健全绩效管理运营组织及机制建设。在全行层面，需要有一个专门的组织来统筹所有资源，建立全行绩效管理机制、监督执行、总结分析、统筹和监督考核资源分配情况等，将绩效管理做得更专业、更有效。如制定绩效管理办法，明确绩效运营组织、流程、职能分工，绩效管理流程优化等。

二是进一步强化系统性协作规划，提升技术支撑能力。考核与组织架构、薪酬分配、用人机制等保持一致和协同，另外还有战略目标分解、计划预算、绩效评估分析等。战略是最终目标，但计划预算是资源配置的起点也是重点，只有加强与计划预算结合，才能保障绩效考核资源配置效率。还需要进一步加强信息化系统建设，如绩效考核对象扩展、管理会计系统精细化建设，支撑产品、渠道、各个岗位盈利和成本核算、考核。

三是结合全行转型战略，挖掘数据价值，实现绩效管理"数字化"。加大对已有数据分析使用，用绩效管理数据赋能，促进组织持续优化，推动人力资源管理优化（如为人才识别提供数据支持）、行员规划发展（如为个人发展或改进计划提供数据支持），促进组织管理水平和运营效率进一步提升。

四是继续强化"以客户为中心"的经营理念。实施战略布局、组织改革、考核优化包括服务定位、资源、产品、人员的配置、组织改革等，在提高客户满意度和服务体验的目标下规划设计产品、场景及运营方案。在考核中结合不同产品的发展阶段，从"获客""活客"角度制定考核指标。

五是绩效管理能力下沉。培养基层管理者或团队管理者的绩效管理能力，包括计划能力、统筹能力、激励能力、沟通能力等。绩效管理能力是管理能力的重要组成部分，良好的绩效管理能力不仅对管理者能起到积极的激励作用，还有利于整个团队任务目标的完成和团队的和谐发展，有利于提升整个组织的凝聚力。

六是对员工实施全面激励。很多银行在考核体系运行一段时间后，都会出现激励"钝化"的现象。未来，要积极拓展思路，丰富激励方法，对员工实行全面激励。在提升员工能力的同时，提高其忠诚度及工作热情，提高产出效能，充分发挥人才价值。

第三部分

知行合一　笃行致远

星光灿烂 20 年

——王远光专访

广州天维信息技术股份有限公司于 2001 年 7 月 5 日在广州市天河软件园创立。

近些年,随着银行业改革发展的不断深化,银行对绩效管理咨询的需求越来越迫切。天维信息面向银行,提供内部管理体系建设服务,咨询团队规模越来越庞大,公司逐步发展成为以管理咨询为主、软件为辅,支撑绩效管理体系落地的全流程绩效管理服务供应商。

在专访中,天维信息副总经理王远光回顾了公司 20 年发展历程的宝贵实践,也分享了自己多年的感悟。

记者: 在创立天维信息的合伙人中,您一直奋斗在项目一线,请您谈一谈从公司创立至今,有哪些让您印象深刻的银行绩效考核项目?请您分别详细阐述这些项目令您难忘的原因、过程或意义。

王远光: 在一线实施项目的过程中,遇到了很多给我留下了深刻印象的项目,促使我不断学习并得到了提升。但给我留下深刻印象的,是一些早期项目,它们是兴业银行北京分行项目、中信银行总行项目和河南舞钢农村信用联社(简称"河南舞钢联社",现已改制为"舞钢农商行")项目。

记者: 那就请您一个一个地来说说吧,先请您介绍一下兴业银行北京分行项目的情况。

王远光: 2001 年 11 月 9 日,中国成功加入世界贸易组织,承诺在一定时期后开放金融行业。银行业将面临极大变化的发展形势。中国股份制银行历史"包袱"较少，管理理念走在银行业前列。兴业银行广州分行因薪酬分配改革需要开发一套绩效考核软件系统，当时在银行绩效考核系统建设方面的软件供应服务商对这一细分市场业务投入很少，兴业银行广州分行选择了成立不久的天维信息。

这一绩效考核系统项目成功实施后，兴业银行北京分行也决定启动绩效考核系统建设项目，并决定与天维信息合作。

由于当时天维信息只是做应用软件开发的服务供应商，对绩效管理体系建设的认知还很不足，以为把广州分行的系统直接"搬迁"过去，就可以较好地满足兴业银行北京分行客户的需求。但实际情况却与现实相差太远，合同签订时双方对绩效考核的需求定义不太清楚，客户在项目初期没有提太多需求，但在测试阶段却提出了很多个性化的考核需求，导致项目组工作量成倍增长，项目计划完全不可控。

后来经过友好协商，按照软件工程的理论、方法，重新定义兴业银行北京分行的系统开发需求。整个兴业银行北京分行的绩效系统几乎全部推翻，重新开发才基本满足了客户的考核需要，这导致项目延期一年多。

兴业银行北京分行项目实施完成后，我们内部认真总结，得出一个最核心的结论：同一银行下，各分行绩效考核系统建设的个性化需求非常大，必须结合分行的实际情况进行个性化定制开发。

这个项目给公司和我最大的启发是，绩效考核系统的建设复杂程度和差异化程度非常大，需要公司重新定位市场策略，否则，项目必然亏损。

在当时的情况下，这就是中国软件行业早期的通病——先签合同，再谈需求。这导致合同与需求严重背离、需求变更频繁。早期国内客户接受需求变更的也较少，导致中国太多早期的纯软件服务商发展壮大不了（早期能发展壮大的公司主要是系统集成商，以硬件养软件团队），这就导致太多的纯软件公司亏损倒闭，而倒闭公司的员工再合伙成立新的、更小的软件公司，如此周而复始。

因为大家都是初创公司，市场竞争激烈并且主要处于低层次的价格竞争阶段。而国外大型软件公司在中国只提供产品销售和发展本地化的合作伙伴，让本地的合作伙伴进行本地化的服务及二次开发，当时软件行业的主要利润都被外资大公司赚走了。

记者：可以说兴业银行北京分行项目一波三折的实施过程，给天维信息很强的启示。那么，中信银行总行项目为什么给您留下深刻印象？

王远光：中信银行总行绩效考核系统项目是公司第一个股份制银行总行的项目，公司非常重视，决定启动前期的封闭开发。封闭开发项目组最多时投入各类人员将近30人。中信银行总行多次派人到封闭开发现场进行需求沟通与功能测试，双方合作非常愉快，部分项目组成员与客户人员结下深厚友谊，得到客户高度认可。

目前，天维信息与中信银行总行在绩效系统方面的合作已进入第三期，双方合作也在不断深化。最新的中信银行总行项目是采用真正的大数据平台进行绩效管理系统的建设，也是中信银行第一个大数据技术的应用项目。

此项目给我最大的启发是，随着信息技术的日新月异和金融科技的巨大进步，绩效管理信息系统的建设也需要跟上技术进步的要求，特别是大数据、云计算和AI智能的应用。否则，我们就会落后，就会被淘汰。

另一方面，大中型银行总行的绩效管理体系建设项目的流程及规范要求更加完善，对公司流程优化提出了更高的要求，也给公司市场策略带来了巨大的影响。

由于绩效管理体系建设是一项复杂的系统工程，是银行精细化管理的核心，更是"一把手工程"项目，难度极大。对公司在大中型银行绩效管理体系建设的理论、方法论和推广等方面都提出了一系列的挑战，我们必须不断探索、研究、创新，完善针对大中型银行的绩效管理体系建设及推广，才能更好地满足客户的需求。

目前针对大中型银行（异地分支机构较多），分布式或云平台建设思路才能满足各分支机构对绩效管理的要求，否则，就无法满足天维信息效果理论和客户对效果的诉求。

记者：相对于兴业银行北京分行的项目，中信银行总行的项目要顺利圆满得多。河南舞钢农村信用联社的项目又有什么特点呢？

王远光：河南舞钢联社项目，是天维信息在河南省的第一个农信系统绩效管理体系建设项目，也是天维信息早期方法论（"三位一体"模式建设：咨询＋IT＋应用推广）的落地实践项目之一。

项目成功完成并运营后，取得了很好的效果，行领导管理思路得到充分贯彻，员工面貌和工作积极性、主动性发生了极大改变。本项目虽然只是一个县级市农信联社的项目，但却在河南省整个农信系统内产生了巨大的影响力，也给后期天维信息在河南省农信系统内的市场推广，带来积极的影响力。

此项目给我最大的启发是，精细化的绩效考核是每个银行都需要的核心管理工具，只要按照天维信息的理论及方法论去实施，在客户各层级全力配合的情况下，都会取得极好的效果。农信系统是全国一级法人机构最多的金融系统，对天维信息绩效体系建设来说是一片"蓝海"。这些年，因为长期服务于农信系统，天维信息在项目实践中形成了很多理念和经验，这也逐步影响到了天维信息的市场营销策略，逐步完善了天维信息的短、中、长期战略。

记者：目前，您分管公司项目管理的"效果办"，请您介绍一下"效果办"与传统的"项目管理部"有哪些区别？

王远光：随着天维信息对绩效管理体系建设理论、方法论的理解、认知的不断深入与转变，以及研究创新力的增强，我们重新准确定义了绩效管理体系建设的最终目标——效果。

根据重新定义的最终目标，天维信息于2014年推出"数据服务"的商业模式，获得市场的高度认同，特别是对效果定义及理论的认同。经过一段时间的市场实践与检验后，天维信息决定成立"面向效果构建项目管理体系办公室"的一级管理部门，在天维信息内部把此部门简称为"效果办"。

通过"效果办"的全称，大家也能很快明白它的部门职责。成立此部门的核心目的，就是要研究针对绩效管理体系建设的最终目标，构建此类全流程（涉及八大模块）。不断循环、永无止境（绩效管理体系建设是一个不断循环和持续改进的过程，永远在路上）的项目管理指导思想、理论、内容与方法。还必须研究最终目标的实现过程及衡量标准，以保证按照此套完善理论、内容与方法，绩效体系建设的最终目标都能实现，简称"效果可控"。因此，把此部门定义为一个研发部门，也是正确的。

随着天维信息的不断发展与创新，特别是天维信息的业务主要是面向银行的管理体系和机制建设，管理是一项来源于实践并反馈回来指导现实的科学，脱离实际与客户来研究，是难以取得很好效果的。因此，"效果办"的职责也不是一成不变的，目前增加了条线的管理职责。

综上所述，传统的项目管理部与"效果办"在职责上是有区别的。传统的项目管理部是按照国内或国际项目管理方法和标准（ISO 及 CMMI）进行项目管理，就能达成项目目标。而"效果办"多了一项很重要的职责就是"研发"，需要不断创新理论、内容和方法，以指导绩效管理体系建设项目的项目管理及其发展，才能达成整个体系建设的最终目标。

记者： 天维信息参与了几百家银行绩效考核的建设工作，为了总结提炼成功经验，您多次牵头负责了"项目管理最佳模型"的封闭开发工作。请您介绍一下"项目管理最佳模型"的背景、开发过程、难点、落地过程以及应用效果。

王远光： 经过天维信息员工的共同努力，在"效果办"的带领下，"项目管理最佳模型"从无到有，每年都会根据实践与实施情况进行不断优化与提炼，现在已发展到 V3.0 版本。

在天维信息每年新增大量客户的情况下，仍然确保了每个项目都能顺利地开展和推进，项目质量得到不断提升。天维信息的口碑越来越好，在客户中的影响力越来越大，也必将有力地支撑天维信息"三个一"工程战略目标的逐步实现。

下面，我从背景、封闭开发、难点、落地实施和应用效果几个方面分别进行阐述。

先说背景。随着天维信息"数据服务"商业模式的成功，天维信息每年都新增大量客户，也需要招聘大量的新员工。如何保证每个项目都能顺利地实施，以及完成客户对最终效果的诉求，公司面临巨大的挑战。

我们发现，以传统项目管理方式进行项目管理，完全依赖于项目组成员和项目经理的模式不可持续，必须从公司层面规范整个项目的实施过程和内容，才能保证基本内容的统一和总体质量的可控，也有利于新员工的培训与学习成长。

"项目管理最佳模型"不是规划出来的，而是因为面临极大的问题与困难，公司在寻找解决问题的方案时，不断探索与研发而形成的。

再来说封闭开发。2018年春节前，公司面临着项目管理中出现的各种问题与困难，于是决定春节后，启动第一次针对项目管理的封闭开发。从各部门和各省中心抽调的核心人员不返回本职岗位，春节后第一天直接上岗，进行封闭式开发管理。

根据公司安排，由我带队进行第一次封闭开发及管理。天维信息一直有"务虚"会和"头脑风暴"的好传统，我们决定先进行几天"头脑风暴"，每位参与封闭开发的成员都必须独立思考，总结出自己在项目中遇到的问题和困难，即先进行问题收集，然后归类整理，再寻求针对问题与困难的解决方案并讨论完善。

"头脑风暴"过后，收集整理的问题很多，经过大家共同决策，决定进行分组。分组后全体人员参与制定讨论整个封闭开发期间的具体工作计划，每组有问题的可以进行协调和寻求支持，但每个小组必须按照计划有力地推进每项工作。

封闭开发中，丁家奎董事长和公司其他领导多次到现场关怀慰问开发小组。经过25天没日没夜的全封闭开发，结合天维信息过去17年绩效管理体系建设项目中的知识积累与管理、成功经验、研究与探索，终于形成了"项目管理最佳模型V1.0"版本。本次版本基本满足了规范化、标准化和工具化的要求，形成了一套相对完整的针对绩效管理体系建设的项目管理内容与工具。

2019年后，基本每年都会在不同时间进行封闭开发，逐步形成V2.0版本、V3.0版本，并由"效果办"在每年的执行过程中，针对特定内容及项目实践优化各工具与模板。

关于难点。绩效管理是银行精细化管理的核心，是永无止境的持续循环与改进的过程，是支撑银行战略落地最有效的工具。绩效管理体系的建设与运营，是一项复杂的系统工程，它涉及银行全体人员的切身利益，是银行在薪酬分配体系方面的最重大变革，也是银行的"一把手"工程。

绩效管理体系建设的最终目标是实现银行对效果的诉求，即天维信息定义的三层效果：第一层是实现绩效管理自动化，第二层是提高员工积极性，第三层是促进银行业务发展。

绩效管理体系的建设与运营涉及"四个体系"与"三个阶段"的建设，因各家银行（包括分支机构）涉及的建设内容都会有所不同与侧重，必须完整地对管理体系、文化体系、制度体系和软件体系进行建设。这"四个体系"相互关联、互相影响、缺一不可。

另外，"三个阶段"因各银行面对的政策与环境、发展阶段、战略目标、绩效管理基础和一把手管理风格等情况的不同，面对的问题与困难都会不一样，涉及面广、涉及内容多、复杂性高。为保证目标的实现，这些都是我们在"项目管理最佳模型"不断提炼和研究过程中面临的困难，需要提炼出完整、通用的解决方案。

未来，"项目管理最佳模型"的持续优化与发展，就像绩效管理体系建设永远在路上一样，永无止境。需要天维信息全体同仁共同努力，不断地探索与研究，并随着绩效管理理论体系发展和社会的发展进步，不断进步与提升。只有这样，才能满足时代发展和客户的需求，也才会有天维信息的发展与市场。

因此，我们还必须不断实践、总结与研究，才能真正引领绩效管理理论与体系的发展，这些都是未来"项目管理最佳模型"提炼面临的最大困难。

关于落地实施。自2018年"项目管理最佳模型V1.0版本"发布以来，公司对涉及绩效管理体系建设的咨询与软件，也针对性地进行了最佳模型的研究与提炼。现在，天维信息几乎每年都会结合理论、方法论和新的研究成果对三个最佳模型版本同步进行提炼，保证绩效管理体系建设与运营（咨询＋IT＋推广）的各环节能有效衔接、顺畅运作。

在最佳模型发布以来，为了保证最佳模型的落地实施和有效推进，公司进行了一系列的管理调整和制度制订与修改。首先，在理念宣传、员工培训体系、管理与反馈机制建立等方面，进行了大幅度的修改调整与加强。另外，最佳模型的最终目标是保证项目效果。为配合最佳模型的落地，公司在人才结构（项目管理、咨询、技术）方面也进行了有效调整，形成了更为合理的人才结构。在制度建设方面，公司针对各条线最佳模型及其任职资格、胜任力模型等，进行了资质认证的变革，再加上考核制度的改革调整，有力地推动了最佳模型的落地实施与执行。

经过多年的努力，天维信息所有数据服务项目的实施，都是按照最佳模型的流程要求执行，新员工能更快速地成长，项目质量得到了极大的提升，项目每月回款也越来越正常。

最后说一下应用效果。经过三年多的验证，在公司、各条线管理部门大力推广，在全体员工大力支持下，在每年新增大量客户和新员工的情况下，项目质量得到大幅度提升，众多项目效果得到保证。

当然，还有个别项目，由于各种各样的原因，项目效果还未显现出来或效果不佳。天维信息"项目管理最佳模型"还需要不断完善、研究与提炼，要针对落地实施过程中遇到的影响项目效果的问题进行深入研究，提出相应解决方案，整合进入项目管理最佳模型中，以保证所有项目效果都能得到实现。

近年来，荣获各类绩效管理奖项的银行中，天维信息的合作客户越来越多地出现其中。另外，每年天维信息内部也会进行"绩效管理标杆银行"的评选，在这几年中，标杆银行每年也增长较快，越来越多的客户所期望的效果目标，正在逐渐显现。

我们相信：随着研究的深入、执行的到位、理念的进步，通过精细化管理体系的建设，中国银行业一定会进入高质量发展阶段，中国经济的明天也一定会越来越好！能在这一伟大进程中尽一份绵薄之力，是天维信息之幸，是天维信息人之荣。

绩效管理是银行管理的总中枢，需要花大力气研究部署、推广应用

——李国英专访

他早在2015年就开始谋划绩效考核系统的上线应用，可以说，他是天维信息理论体系建设和实践工作"碰撞"的见证人之一。对于天维信息的银行绩效管理"四个体系""三个阶段"，他也有自己独到的见解。

他是谁？他就是吉林榆树农商银行董事长李国英。

银行业发展最好的几年，他为什么要把大量的心力花在"折腾"一个崭新的绩效考核系统上？在他的视角下，绩效管理对于银行整体发展的效用如何？作为最初提出移动考核体系的管理者，当年的他有什么诉求？经过多年的实践验证，已经实施运行了的绩效管理系统成效如何？

相信李国英的一番回答，会给转型升级中的农村中小银行带来很大的启发。

记者： 绩效考核是实现精细化管理的重要手段，但是每个人对绩效考核的看法不尽相同。关于绩效考核，您的建设理念、目标是怎样的？

李国英： 现在的外部经济环境日趋复杂，经济下行、贸易争端、疫情影响等各种不利因素叠加，给整个金融行业的发展带来巨大影响。市场竞争加剧，监管要求趋严等诸多因素综合影响，也给农村中小银行经营发展带来很大的挑战。

精细化管理是一项关乎经营效益的核心工程，它可以对战略目标进行分解细化，是应对市场化、提升竞争能力、优化风险防范和科学管理水平的重

要手段，它也将成为新常态下企业生存和发展的必要条件。

绩效管理是实现精细化管理的重要手段，是银行管理的中枢，是银行经营的总抓手，是银行排兵布阵、行军打仗的指挥系统。凝聚价值、发展理念，体现工作方向、任务目标，决定方法导向、具体措施。

银行的绩效管理体系是建立在自身的"文化体系"之上的，有形的"管理体系、制度体系、软件体系"，只有在无形的"文化体系"上才能生根、发芽、成长。

吉林榆树农商银行是要打造"为社会谋贡献、为百姓谋福利、为股东谋利润、为员工谋收入"的"创造比利润更高价值"的银行。我们是希望通过对绩效管理、营销服务、产品研发、风险防控四大体系的完善，打造"榆树一流现代银行"。

绩效管理体系的优化，就需要完善薪酬分配制度，健全履职评价机制，使激励约束机制更科学、薪酬分配机制更合理、人力资源配置更客观。通过IT支撑让绩效管理更及时、准确、合理、科学。

在绩效管理平台创设时引入了"KPI + BSC"考核模式。通过KPI"抓住重点"，以"主要指标"带动"非主要指标"；通过BSC"兼顾全面"，实现了绩效考核体系"关键性和全面性"兼备；通过IT绩效管理平台，实现了"绩效可视化"。

我们认为绩效管理是"一把手工程"，对上承接战略，对下反馈实施，以战略发展为导向，以高效管理、有效激励为目标，持续优化经营管理手段，真正发挥绩效考核"发动机"和"指挥棒"的作用。

记者："平均主义""大锅饭"会导致员工的懈怠，更重要的是会打击优秀员工的积极性。建立"垂直考核到个人"的机制，是实现"多劳多得"文化的关键点与难点。围绕"垂直考核到个人"，请您分享一些宝贵经验。

李国英：绩效考核体系的建立，从根本上克服了过去"手工考核到网点，未考核到个人"的弊病，实现了"机构"到"人"的跨越，结束了考核"大锅饭"局面，后期也会陆续强化长期的激励机制。

通过可视化绩效管理平台，员工不仅能了解自身业绩与绩效薪酬，还能知道自己在同岗位中的绩效排名，变相建立一个激励机制，将"眼红他人成绩"变为"提升自己业绩"。通过建立引导机制、激励机制和约束机制，搭建"引导—激励—约束"三位一体的人才管理平台，实现向员工传递"拉力、动力、压力"考核理念，实现员工能力提升、收益增加，从而推动全行业务发展。

"垂直考核到个人"要按照需求搭建架构，按照"德能勤绩"选人用人，按绩效考核综合评价，按业务贡献分配薪酬。分配源于考核，薪酬源于绩效。完善绩效考核制度，确保"基础薪酬保吃饭，绩效薪酬靠实干"。

在实际操作层面，对于支行的业务人员考核，我们也是以正向激励为主，即使对绩效考核排名较低的员工，也没有实施惩罚机制。业绩优秀员工薪酬的提升，是通过行内利润增量的再分配完成的。

通俗点说，就是我们没有动员工的"奶酪"，对于优秀员工的薪酬激励都是通过将"盘子"做大实现的。所以，我们这样设立绩效考核体系，就还需要一个"核心"。这个"核心"就是价值创造，也就是说没有利润增量，改革不会成功。

记者：您认为绩效管理是以实际战略发展为导向的，在实际操作层面，您是通过什么样的方式来保障绩效管理的经营指挥作用的？

李国英：我们采用产品营销计价的形式，根据风险权重、成本大小、收益高低、客户结构、区域分布、经济环境、竞争程度、团队组成等因素，实现产品精准定价，建立合理的金融产品营销奖励价格体系。

我以实际的薪酬发放情况为例，解释一下产品营销定价的主体逻辑。

首先，将今年行内的整体薪酬包切块，将存款、贷款、电子渠道、业务量等各部分划分好比例。结合今年的经营任务，细化到每一块任务上。假如说，今年存款方面，行内的重点是"保存量"，那么这部分比重就会相对高一些。

然后，再进一步细化任务。假如说"保存量"这部分，我们今年重点关注如何优化存款结构，那么就会对不同的存款产品进行差异定价。

最后，把实际的测算结果和往期年度的绩效情况进行对比，避免出现过大差距。执行过程中，也会通过对产品定价、指标权重、阈值强度做参数调整，来保证有效控制业务的拓展方向，实现全行战略规划和风险管控目标。

另外，实行"总行垂直考核"与"机构考核"相结合的模式。将产品营销计价与等级考核相结合，兼顾员工个人营销能力的发挥与机构团队的发展。

垂直考核，能够让员工个人主观能动性与营销能力充分发挥。机构考核，能够将员工个人发展与组织发展相结合，实现个人业绩与组织业绩"同呼吸、共命运"。两个考核体系相互促进、相互补充，强化员工的工作热情与组织归属感，真正实现"按绩取酬、多劳多得"的绩效文化。

记者：绩效考核改革涉及银行组织、流程、薪酬等多项管理调整，在改革过程中，如何让各层级员工了解并接受新的考核规则？

李国英：对于农村中小银行来说，绩效管理系统应该"先搭建，再完善"，无论如何也要先运用起来。先进的绩效文化体系建设很难"毕其功于一役"，需要长期的关注和投入。

我们这项工作是党委统筹，董事长牵头，班子负责，凝聚了管理层的共识。绩效管理在实际推行的过程中采取项目制，总行成立专项工作领导小组，支行成立执行小组，"一纵一横"，从总行到支行，从高管到员工，各层级全面参与，旨在实现"绩效管理"与"经营管理"的双向提升。

2020年6月，我行和天维信息合作，开始推动全面的绩效管理改革，系统性地优化绩效与薪酬管理制度，搭建全面绩效管理IT平台，并于2021年初落地投入运营。一年建设，两年磨合，三年成熟。目前项目正处于磨合期，正在不断优化考核体系，着重解决员工从"不了解到认识"，从"不重视到我要使用"的认知问题。

在推进绩效改革的过程中是有压力的，我们对此有着清醒的认识，我们认为"反弹压力越大，未来效果会更好"。前进并无坦途，人生只能前进；前进如逆水行舟，一刻不能停歇。因为我们现在是数字化的管理理念和数字化产品同时推进，在现有状态下保证数字化整体布局，从长远角度来看是非常有意义的。

记者：近年来内外部环境复杂，国家一再强调控制金融风险。您是如何看待绩效管理和风险防控之间的关系的？

李国英：探讨这个问题，需要回归到最开始的未来五年发展愿景，我们希望打造"一流品牌、一流服务、一流产品、一流队伍、一流效益、一流贡献"的"创造比利润更高价值"的银行。追求价值、创造利润的过程中，就需要严格遵守各项金融政策，在合规合法经营和符合监管要求的前提下，合理进行风险管控。

无论如何，风控还是要放在首位，绩效考核的整体导向也不能和风控这一大前提相违背。在这个前提下，保证规模增长、质量安全、效益提升。

记者：您是较早提出移动绩效考核系统的管理者，当时是什么情况，需要搭建这样的移动考核体系呢？

李国英：我应该是最早对银行绩效考核提出"移动端需求"的管理者。

当时，我还在公主岭农商银行任职。公主岭农商银行根据监管部门、省联社的要求，结合自身实际，于2015年5月开始设计绩效考核体系，开发上线绩效考核系统。2016年初，第一期绩效考核系统（PC端）上线。绩效考核系统上线以来，员工的积极性有明显的提高，银行的整体业绩有所突破。但PC端考核系统也存在一定的局限。

银行内部计算机资源有限，加之绩效考核属于银行内部业务系统，业绩绩效、客户排行榜等信息，只能在银行内部业务网段的计算机内查询，这些因素都限制了员工及时全面获取客户业绩、个人绩效等信息。不能实时查询信息，也就限制了营销信息获取的实时性和营销活动开展的灵活性。

为了能够更好地帮助银行员工做好营销和客户服务，帮助管理者更好地做好运营管理工作，2016年下半年，银行领导层决定上线 MPAS（Mobile Performance Assessment System），也就是"移动端绩效考核系统"。

目前，很多业务设计理念，在榆树农商银行绩效考核管理系统的建设中仍有应用。利用移动端的普及性和24小时在线的属性，以及专用安全网络通道，让员工可以随时随地掌握客户情况、个人业绩完成情况和绩效，保证"随时随地"查看。

MPAS 不同于传统的系统，它聚焦银行绩效考核，是一款有生命力的创新产品。

从业务管理上，需要根据银行绩效考核的发展不断迭代更新，保证业务在软件产品中的及时呈现，更好地推动银行绩效考核的进程。

从用户体验上，作为一款移动 App，它必须符合用户操作习惯，达到友好的用户交互界面，简洁明了地进行信息展示。

从运营角度来说，它必须紧密结合员工的使用诉求和银行的发展要求，保证产品可持续使用。

因此，无论是用户体验，还是实际运营，都要求银行方和具备移动端开发能力和运营能力的企业合作，充分发挥移动端的优势，来保证绩效考核的实际效果，促进银行业务的快速发展。

银行精细化考核探索之路 二十人二十年

运用绩效考核"指挥棒"
打造服务一方的"好银行"

——刘飞军专访

近年来,中小银行正处于转型发展的重要时期,面临着金融环境变化及金融科技带来的深刻变革,创新需求更加迫切,客户诉求愈加多元,管理模式日趋精细,经营要求日渐提高。

作为中小银行经营的"指挥棒",绩效考核系统日益成为银行实现创新驱动、管理增效、运营高效和员工满意的重要抓手。

相对于国有商业银行,农村中小银行在构建绩效考核系统中,往往会遇到更多的现实难题和差异化需求。在担任察右后旗农村信用联社党委书记时,刘飞军就上线了绩效考核系统且已经运行成熟,调任到乌兰察布农商银行担任党委负责人后,刘飞军第一时间启动了精细化管理机制的建设,对于精细化考核,刘飞军谈出了他的体会和感悟。

记者:乌兰察布农商银行正在向"精品式、特色化、效益型"银行迈进。您认为要做到"让经营有抓手,让管理有依托,让员工有目标",需要构建一个怎样的精细化管理机制?

刘飞军:总体来说,构建精细化管理机制要坚持目标导向、问题导向、结果导向。具体来讲,一要认清形势。我们必须主动适应金融需求多元化、银行管理精细化、业务发展数字化的趋势,上线绩效考核系统,推进绩效管理精细化、精准化势在必行。二要聚焦问题。以往牢固的平均主义或粗浅的差别管理,使得管理层仅仅局限于对网点的表面了解,无法有效掌握全员的工作表现；员工机械完成分配任务，不了解管理层意图和目的，缺乏长远和全局意识，主观能动性发挥不够；网点对市场的掌握更是欠缺，对客户的忠诚度和贡献率等无法有效估量。这些问题的根本在于没有精细化、专业化、实时化的定量考核指标。而最直接、最重要的解决途径就是建立符合自身发展需求，与自身发展阶段相适应的考核体系，让经营有抓手、让管理有依托、让员工有目标。三要注重实效。绩效考核的关键是要抓住"人"这个根本，考核体系的变动是对绩效分配的调整，因为会动员工的"奶酪"，所以，要想落地取得实效，员工的认同和积极配合非常重要。

记者： 管理机制要落地，需要一套配套的绩效与薪酬文化做支撑，在管理粗放的企业中，容易产生"干多干少都一样、干好干孬都一样"的情况。在您管理的银行中，您营造的绩效文化是怎样的？员工是否会因为绩效考核转变工作态度？

刘飞军： 绩效的目标，是通过为客户提供优质的金融服务从而推动业务发展。我们的企业文化以打造"暖银行、快银行、好银行"为核心，绩效考核工作也是紧紧围绕这一理念推进的。

绩效考核系统严格按照按量计酬，真正实现多劳多得、少劳少得，着力解决绩效分配中长期存在的平均主义痼疾，为优秀员工搭建一个实现自我价值的平台，让干实事的人能够脱颖而出，带来示范效应，倒逼落后员工自觉树立主动竞争意识。随着绩效考核系统逐步深入人心，最终会促使全体员工品尝到努力工作的甜头，营造出积极向上的企业文化。

绩效考核是"指挥棒"，与员工利益密切相关，其对员工工作态度的引领作用是非常明显的。绩效考核系统让员工充分享受到"精准考核、优绩优酬"的考核激励，考评"公开、透明"，真正实现"昨天的业绩一目了然""绩效工资'日清月结'"，充分调动员工工作的积极性，不断增强营销的主动性，实现个人价值的最大化，最终推动全行业务发展。

举个例子，我们坚守主责主业导向，加强小额信贷业务考核，一年多时间，小额信贷授信客户增加了3倍，小额贷款余额增幅达50%。

记者：在垂直考核到个人的模式下，同岗位员工收入不同，甚至相差数倍。对于绩效工资远高于或远低于同岗位平均值的两类员工，应该与他们谈些什么，或者应该怎么做？

刘飞军：我们是非常重视绩效辅导工作的，特别是绩效考核系统上线前后，做了大量详尽细致的宣讲，既有面上全行性的培训，也有逐机构分岗位的点对点辅导。

包括系统上线，我们也是先"线上线下"并行，在搜集解决了很多问题后，才全面运行绩效考核系统。还是那句话，绩效考核事关员工切身利益，给员工一个合理的认识、过渡和适应过程，是非常必要的。

还是前面提到的，管理的精细化、精准化非常关键，而且要从运营"软机制"，科技"硬支撑"两方面同时发力。"绩效系统垂直考核到个人"的模式就非常好地体现了这一点。对于绩效工资明显高于同岗位平均水平的员工，只要奉献和回报匹配度相对合理，我们坚决鼓励；对于明显低于同岗位平均水平的，要详细查明原因。如果是对考核办法理解有偏差，则再次辅导；如果是其他原因，则根据具体情况分类处置。这也会涉及绩效考核结果在各方面的运用，这里不再赘述。

记者：您认为在推行全行绩效考核工作中，最难的环节是什么？

刘飞军：还是要将绩效考核放到"高效服务客户、推动业务发展"这个中心工作中来看，最难的环节是对于"最佳绩效考核方案"的抉择。

一方面，为了考核的落地和效果，考核的维度不能太广、指标设计务必要抓住关键、不能面面俱到。另一方面，整体业务发展要统筹兼顾，既要"保存量"，又要"拓增量"；既要"扩规模"，又要"优结构"；既要"增效益"，又要"控成本"；既要"促发展"，又要"防风险"。总之，在精准分析发展形势的基础上，结合自身实际和特点，抓住关键、匹配权重、确定方案，是最重要,也是最难的环节。

除此之外,员工对绩效考核系统上线运行的认可也非常重要。为此,必须持续地深入做好系统上线前后的宣讲工作,推动绩效考核办法在员工中"入心入脑"。还有,要持之以恒运用好绩效考核系统,不能紧一阵、松一阵,要做到一以贯之。

记者:有句话讲"合适的考核方案才是最好的",您是否认同这句话?请分享您对这句话的理解与看法?

刘飞军:完全认同这句话。天维信息专注银行绩效管理20年,帮助银行建立和运营绩效管理体系,形成了一套成熟的方法论,并借助绩效系统真正落地实施,是值得信赖的合作伙伴。

同时,银行业务与地方经济发展高度关联,只有深度融入地方经济发展之中,才能始终保持发展的动力源源不竭。每家银行所处区域不同,只有结合地方经济环境、产业结构特点和银行业务经营实际,经过一个不断磨合的过程,才能最终形成一套成熟、完善、适用的绩效考核体系。所以说,只有合适的考核方案才是最好的。

记者:内蒙古地域辽阔,各个网点的经营环境差异大,对于不同区域的网点,您觉得应该如何做好差异化管理?

刘飞军:业务发展要"以客户为中心",网点管理也是如此,总体思路是一样的,既要认真总结分析和维系好存量客户,又要在结合实际的基础上预判和拓展好增量客户。

但是,不同区域的网点,发展重点是不一样的,因为目标客户群不一样。

举例来说,对于位于中心城区的网点,必须注意吸引年轻客户,要注重提升客户体验感,软硬件都要兼顾。要适应互联网、数字化金融发展形势需要。如果不主动求变、积极应变,不仅吸引不来年轻客户,存量的中老年客户也会随着金融服务体验感、满足度的不佳逐渐流失。对于位于较为偏远乡镇的网点，就不一样了，推动"智能化转型"当然也很重要，但相对中心城区可以稍缓一步。对于内蒙古乌兰察布来说，这些地方的客户绝大部分为中老年客户，还有外出务工人员。短期内，要更加注重通过流动银行服务、现代金融技术等举措，为客户提供零距离、有温度的服务，让他们更大程度地共享现代金融服务的便捷性，包括普及防范电信诈骗等金融常识，也是非常重要的服务内容。

记者：您认为要做好绩效考核还有哪些事项要考虑？

刘飞军：绩效考核是为了推动业务发展，业务发展必须坚持正确的方向。党建引领对于农信事业发展是极为关键的。

要以党的建设引领业务发展，将党的建设融入业务发展，用发展成果检验党建工作质效。我们在"三重一大"事项决策过程中，坚持党委会前置讨论工作机制，健全基层党组织设置，选优配强党支部书记和党务工作人员，着力加强基层党组织阵地建设，持续深入推进与乡镇、街道、农村、社区基层党组织的党建共建工作，为推动全行业务下沉一线、融入各行各业、惠及基层群众、共享发展成果提供了坚强的组织保障。

还要注意的是，绩效考核涉及业务发展的方方面面，必须作为"一把手工程"整体统筹推进。考核部门和业务部门要有效衔接、密切配合，确保绩效考核系统数据的准确性、及时性和完整性。在业绩的分配上以事实为基础，做到公平公正，真正发挥正向激励作用。

目前，我工作过的两家行社均上线了绩效考核系统，察右后旗农村信用联社运行已经比较成熟，乌兰察布农商银行也已全面上线运行。目前效果良好，但上线时间还相对较短，仍需要一个继续磨合完善的过程。

以乌兰察布农商银行为例，绩效考核系统的上线，解决了传统绩效考核无法从根本上解决的"大锅饭"问题，很大程度地释放了员工活力、激发了员工动力。短短 20 个月的时间，支撑存贷款增幅超过三分之一。实践证明，这套绩效管理体系是科学的，对推动经营管理精细化、促进业务发展发挥了非常重要的作用。

实施"小考核" 赢得"大绩效"

——格日勒图专访

这是一个关于"三年磨一剑"的故事。

2017年8月,因岗位交流,格日勒图从工作了八年的太仆寺农商银行调任到锡林浩特农村合作银行(以下简称"锡林农合行")工作,开启了人生中的又一个新征程。三年里,通过顶层设计、建设团队、建设绩效考核系统等组合拳,有效提高了锡林农合行的核心竞争力,将一个自我封闭、人心涣散的高风险银行改变成竞争实力强、员工幸福指数高的可持续发展银行;将一个"烫手的山芋"变成了"香饽饽";将一个留不住人才的单位,变成了本科、硕士研究生争相报考的单位。

三年多的时间,锡林农合行在内蒙古农信系统内综合排名提升、监管评级提升、业务竞争实力提升,各项业务经营成绩得到了自治区联社、监管部门、辖区盟市两级地方政府的高度认可。

三年多的时间,是什么力量让锡林农合行发生了的质的蜕变?让我们一起跟随时任锡林农合行党委负责人的格日勒图的介绍来深入了解这家中小银行走向快速稳健发展的"管理密码"。

记者:请您介绍一下,当初到锡林浩特农村合作银行上任后,制定了怎样的发展战略?

格日勒图:2017年8月我调回锡林农合行后,为使锡林农合行能够立足长远,全面推进改革与发展,首先组织人员制定了《2018—2020年发展战略规划》。制定前期,我曾多次组织领导班子召开会议,研究预测当时辖区的经济发展，积极与锡林郭勒盟委行署相关领导部门沟通，及时了解辖区产业布局和资金投向，为锡林农合行存款、贷款等业务发展抢占了先机。截至2019年年末，制定的三年规划各项指标都已提前一年完成。

《2020—2022年发展战略规划》也已制定，目前已向既定的目标奋进。2021年是新三年规划中承上启下的一年，非常重要，我们继续完善考核系统，形成更加有力的激励机制，在高质量发展的路上阔步前行。

记者：发展战略制定好后，在推进战略落地过程中面临的主要困难有哪些？

格日勒图：一个单位要想向上发展，必定要有积极向上的员工。当时的锡林农合行员工中，不少人有得过且过的心态，严重缺乏集体感、荣誉感。

由于不良贷款率高，信贷员追究责任重，在当时形成了信贷员不愿意放贷款的局面，拒贷、恐贷、惜贷现象严重。贷款放不出去，优质客户流失严重，人多事多麻烦多，经营效益又上不来。银行内形成了吃"大锅饭"的局面，面对这样的局面，我心急又心痛。

这样的情形和我刚去太仆寺旗农村信用社的情形又是多么的相像。太仆寺旗农村信用社改制后，2016年通过上线天维信息的绩效考核系统，实现了健康、快速发展，各项业绩始终在全盟排第一名。太仆寺旗农村信用社以"绩效考核"为突破口，建立了横向到边、纵向到底、到岗到人的考核体系，最大限度地释放员工潜能，激发全行经营活力，推动高质量发展。

于是，为了发挥绩效考评激励作用，有效调动锡林农合行员工积极性。我多次带领班子成员走出去，到南方多家银行取经学习；再次到天维信息调研，并针对锡林农合行的现状与发展瓶颈，和天维信息的技术人员充分探讨。

在天维信息的大力支持下，锡林农合行开发了绩效考核系统。这个系统真正实现了多劳多得，少劳少得。目前锡林郭勒盟其他农信机构在锡林农合行的带领下，通过学习考察，也逐步上线了绩效考核系统。

2019年4月，天维信息开发的绩效考核系统在锡林农合行正式上线，真正解决了以往绩效分配中长期存在的平均主义痼疾，为先进员工搭建一个实现自我价值的平台，让想干事、能干事的人脱颖而出，带来示范效应，倒逼落后员工自觉树立主动竞争意识。

绩效考核系统的上线，带动了锡林农合行各项业务的健康发展，经营水平也逐步提高。在这样的情形下，锡林农合行的员工呈现出争相揽存款、积极寻找优质客户放贷款、大力清收不良账款的良好局面，干劲十足。

为了解决"放贷难"的问题，2017年10月，锡林农合行设立了"信贷服务中心"，并将2017年统一招录的八名大学生全部安排在"信贷服务中心"实习，充分发挥他们的聪明才智，研发适合辖区市场需要的金融信贷产品。当时的"信贷服务中心"墙上写着这样一句话，"一群人、一件事，一起拼、一定赢"，这是当时全行上下的口号。

通过努力，2017年年末，锡林农合行研发了10余种信贷产品。三年过去了，这些信贷产品依然很火爆，依然是锡林农合行的主要信贷产品。

同时，我带领大家走出去营销贷款。对有资金需求的中小微企业，为他们量身定制融资方案，在达成信贷资金需求意向的同时，积极安排信贷人员做好服务工作，及时解决企业资金需求，帮助客户解决困难，实现"银企共赢"。

这样一步一步走来，2021年2季度末锡林农合行的各项贷款已达到36.5亿元，在2017年8月末14.73亿元的基础上增加了21.77亿元，增长了147.79%，大于当时两个锡林农合行的信贷规模。

对于收入较单一的中小农信机构，贷款就是一个银行的命脉，就是全体员工的饭碗。也是这个原因，锡林农合行在2018、2019这两年下大力气改革创新，通过绩效考核，打破原来多年形成的旧体制，突破瓶颈，形成新的激励制度，同时，依托"科技强社"，实现多元化收入，利润也逐年提高，支持地方经济建设、履行社会责任的能力逐步增强。

记者： 绩效考核系统上线后，您还采取了哪些措施配合推动绩效改革？

取得了怎样的效果?

格日勒图：通过上线绩效考核系统，员工面貌焕然一新，企业凝聚力和市场声誉也随之提高。紧接着牢牢抓住一切有利发展机遇，争取一切优质客户，靠做大、做强、做优来提升市场份额，靠党建引领、科技支撑、化解历史包袱来提升核心竞争力。通过这些措施，锡林农合行不仅在业务经营上取得了突出成就，在履行社会责任方面也积极作为、有担当。

就这样，通过绩效考核系统的上线，打开了锡林农合行多年封闭的局面，之后又成立了金融市场部，线上资金交易逐步增多、创收能力增强。

为了避免风险，我和业务人员一同考取了线上业务资格证，每一笔线上同业、贴现业务我都亲自审批、判断，确保安全后才交易。多年的工作习惯，使我养成了大胆改革、细心判断的习惯，不论在哪个单位担任主要领导，资金都没有出现过风险。在太仆寺农商行担任领导的八年间，每年的效益在全盟农信系统内最高、资产质量最好。

作为一名老党员，我始终保持着一颗初心，生在草原、爱在草原，从小就热爱这片大草原，喜欢这里的一草一木，更希望这里变得越来越美、农牧民的生活越来越好。这也是我这么多年来的一种信念、执着和坚守。

为了从根上解决农牧民的实际问题，锡林农合行在全盟率先开展了"党员之家进嘎查"联学联建活动，在习近平总书记曾经到过的宝力根苏木希日塔拉嘎查，设立了牧区党员"联学联建"点，定期与嘎查联学联建点支部党员开展交心学习。将金融知识、党的最新政策印刷成蒙文版的材料发放到牧民手中，一起开展学习和讨论；加强与嘎查党员及农牧民群众的信息共享，帮助大家提高算账理财意识，合理规划生活支出、减少盲目消费；提高风险防范意识和识别能力，学会精打细算，杜绝高利贷。

通过这种形式，我深入了解到农牧民群众的实际经营情况，为后来的精准扶贫、全域授信、购买流动银行服务车等一系列决策铺开了路子，打开了农牧民的致富之门。

习近平总书记说过，"在扶贫的路上，不能落下一个贫困家庭，丢下一个贫困群众"。为了使被帮扶的扶贫户精准脱贫，我亲自带队将购买的50只精选的乌珠穆沁生产母羊，送给有生产经营能力的5户帮扶户，实施产业帮扶策略。

帮扶期间，还为无生产能力的帮扶户提供每月500元生活补助。2019年开始又为帮扶户提供每月300元的饲草料扶贫款。并定期回访，逐户帮助他们制定发展规划，提高理财能力，直至2020年底完全脱贫。

后期这些工作的顺利开展，都与上线绩效考核系统分不开，软实力迅猛提升，员工心齐了，干事创业的劲头也上来了，优质文明服务得到了有效提升。可是硬件实力和其他银行相差甚远，24个网点可以说都是那种老、旧、差的情况。面积大的网点位置不好；位置好的网点面积小，客户没有停车位；小分理处贷款不办理，存款业务少。

面对这种情况，我带领大家全局规划，软硬件实力一起抓。整合小网点，打造盟市两级政府首家金融高科技窗口。随后，锡林农合行在辖区内成立了首家智慧银行——巴彦宝拉格，这是一个传统和高科技高度融合的银行。

在这个网点，客户既能办理传统业务，也能体验到智慧银行带来的非凡享受和人文关怀。同时，又填补了巴彦宝拉格苏木及周边的金融服务空白。巴彦宝拉格支行是首个集人性化、科技化、智能化、特色化于一体的智慧银行；是锡林农合行在打造精品网点征程中迈向新目标，实现新跨越的一个重要举措。

这个网点通过智慧银行打造并融入蒙元元素，逐渐搭建起立体化民族特色银行的体系架构。在蒙元文化展示上，厅堂播放着悠扬的草原乐曲，服务人员身着精美的蒙古族特色服饰，目光所及之处充满民族风情的字画、摆件与小工艺品，业务区域所有服务标识均使用蒙、汉、英三种语言，在特色服务流程上，厅堂近三分之一工作人员能流利地用蒙汉双语微笑接待不同需求的客户。同时，还搭建了儿童体验区、智慧诊疗区，为客户进一步提供便利。蒙元文化特色银行的打造，进一步提升了锡林农合行的客户满意度和忠诚度以及银行品牌和地区品牌知名度。

记者：贵行建立的绩效考核体系是怎样的？该考核体系有哪些特点和作用？

格日勒图：锡林农合行推行绩效考核初期也存在诸多问题，我们从提高考核的准确性、公开性、公正公平入手，采用"数据服务模式"，与天维信息共同完善绩效考核系统。按照相应的单价，按量计酬、多劳多得，实现了员工业绩量"标准化、数字化"，打破"干多干少一个样、干好干差一个样"的"大锅饭"格局和"小锅饭"弊端。

我们专门设立了考核办，全面负责绩效考核各项工作。同时，还举办了多场全员大会和全员培训，建立了绩效考核工作微信群，开通了绩效考核工作沟通交流意见箱，下沉网点调研走访，科学诊断存在的问题，进行针对性整改。

多次组织员工赴广州、西安、太原、昆明等地交流学习，参加绩效考核研讨会、论坛，提高绩效考核业务骨干业务水平和管理能力，确保绩效考核工作考实、考准、考出成效。

因为充分考虑到影响经营活动的多种因素，实行"机构+个人"交叉考核。对机构来讲，把年初分解落实的各项经营管理指标按月完成情况，作为对机构考核的依据。对个人来讲，按照岗位职责，对管理岗、客户经理、委派会计、综合柜员、科员等岗位突出不同的考核重点，管理岗人员与本机构整体业绩和管理水平挂钩，其他岗位兼顾个人业绩和本机构管理水平。

结合日常管理和员工的实际工作情况，设定了存款、贷款、不良贷款、资产质量、电子银行、综合管理等考核指标，考核权重分别为13%、18%、24%、10%、5%、30%，涵盖了合规经营类、风险管理类、经济效益类、发展转型类、社会责任五大类。

针对各类风险建立了明确的内部评价考核机制，合规经营类指标和风险管理类指标考核权重达到总值的50%，并将机构或主要业务条线形成的风险与其收益挂钩。

形成了"按劳分配、按绩取酬、多劳多得、兼顾公平"的绩效考核文化理念。员工由一开始的不理解、不支持转变为理解、接收并积极参与，工作中你追我赶、不甘落后，服务意识和营销意识明显增强，工作中相互推诿、"扯皮"现象明显减少，从"要我干"变为"我要干"、从"要求"变成"追求"，形成了"人人肩上有目标、有责任，同舟共济，共创业绩"的良好局面，有力促进了各项业务快速发展。

2020年开始，我们又将"部门精细考核"纳入绩效考核系统。依据各职能部室的工作职责和工作任务，制定职能部室绩效考核3K指标体系。通过对职能部室日常工作的考核，监督各部室履行工作职责，激发员工的工作积极性，提高办事效率，更好地服务于基层，提高各部室的经营管理水平，促进各项业务持续健康发展。

通过绩效考核系统的上线，锡林农合行各项业务实现了稳健增长，对比2017年8月末的主要经营数据，截至2021年4月，资产总额由34亿元增长到61亿元；负债总额由33亿元增长到58亿元；股本金由1.05亿元增长到2亿元；各项存款由32亿元增长到53亿元；各项贷款由14.7亿元增长到36.5亿元；拨备覆盖率由74%增长到150%。目前锡林农合行已然走上了高质量发展的"快车道"，为锡林浩特这颗"草原明珠"的经济发展贡献着自己的力量。

记者：一支有激情、有干劲的队伍离不开优秀的企业文化，请您介绍一下贵行的企业文化是怎样的？

格日勒图：我常说的一句话就是：企业不发展主要是人的问题，人才管理好了，工作也就好干了。锡林农合行通过建立"引导—激励—约束"三位一体的绩效管理机制，打造和提升绩效管理能力，激励员工自主开发自身的潜能，促进组织内部沟通与交流，形成绩效导向的企业文化，为企业创造价值。

随着新时代的到来，高科技的快速发展，给银行提出了更高的要求，尤其是农信社，要想在未来银行中立于不败之地，就必须未雨绸缪，追逐强大的科技时代，加强传统到数字化转型进度，走好科技强行这条路。

这就需要一种更加强大的企业文化。作为领导班子"一把手"，要在无形的工作中将企业文化精神贯穿于整个企业的发展之中，为企业发展注入生命力。

受这种无形的企业文化影响，锡林农合行各项业务创造了新高，竞争力增强，得到了优质客户的回归和社会各界的认可。鉴于这个文化理念，2019年年末，锡林农合行建立并注册了自己的文化品牌"奔腾文化"，推出"小草金融"的服务品牌，提出"打造祖国北疆有温度的现代化草原银行"的愿景目标。

企业也是有生命力的，通过绩效考核系统，给每位员工搭建施展才能的平台，每一个有才能的员工都会用满满的正能量影响着身边的每一个人。企业也就变得开放和包容了，以最好的姿态接纳着每一位客户，不计个人得失，不怨天尤人，积极进取，相融于这片草原上的每个人和每件事。

记者：关于精细化管理，您还有什么经验和心得可以与同业分享？

格日勒图：虽然我们在绩效管理工作中取得了一些成绩，但是这得益于地方党政、自治区联社、人民银行、监管部门的大力支持。还要对天维信息的丁家奎董事长以及他的团队表示深深的感谢，是他们帮助锡林农合行走出了困境。非常感谢！

希望更多的农信机构能够用"绩效考核改革"改变一个企业的面貌，达到"小考核、大绩效"的效果。

但我们也深知，绩效管理"没有最好、只有更好"，今后，我们会以更高的标准、更大的力度、更有力的措施，持续推进绩效管理工作提档升级。充分发挥绩效管理这个"指挥棒"和"发动机"的作用，充分调动员工积极性和主动性，推动我行各项业务快速发展。

三年的时间，锡林农合行通过上线绩效考核系统，取得了前所未有的成绩，先后被中华合作时报社、中国金融杂志社授予"全国农村金融十佳服务民营企业机构"；被锡林郭勒盟行政公署授予"金融支持地方经济社会发展先进单位"；被全国地方金融论坛办公室、中国新型金融机构论坛组委会授予"十佳普惠金融创新单位""十佳科技创新银行"。

"以人为本"打造新绩效考核文化

——路伟专访

三年的时间,济宁农商银行业绩实现逆势上扬。

成绩的背后,是这支"农信铁军"紧密围绕"回归本源、专注主业、防控风险"的经营宗旨,持续改进薪酬考核管理,坚定服务实体经济的战略方向,践行"质量优先、效率至上"的内涵式发展理念,将"支农支小、稳中求进"的战略思维量化落实到薪酬考核的指标体系之中。

"薪酬考核建设是一个永远在路上的系统工程。"山东济宁农商银行党委书记、董事长路伟相信,深化绩效考核文化将会助推该行各项业务合规、稳健、高质量发展。

记者:山东济宁农商银行用三年多的时间推动新绩效考核体系建设与运营,截至目前,当初这项改革的目标是否达成?请您列举几项您认为最重要的改革成果。

路伟:通过三年多的新绩效考核体系建设与运营,当初的目标已达成。绩效薪酬改革的成功推动了人事、用工的改革;各项业务水平达到改制以来最好水平;员工凝聚力增强,士气高涨。

首先,绩效薪酬改革撬动人事、用工改革。全行推动绩效考核二次改革,并取得巨大的成功,撬动了人事、用工的改革。截至目前,组织架构得到精简,"三定"(定岗、定责、定薪)工程得到完善。

其次,全行思想得到前所未有的统一。可以说,山东济宁农商银行改革的成功,七分归功于绩效薪酬改革。在绩效薪酬改革的推动下,全行的业绩提升了、工资提高了、士气高涨了、凝聚力增强了。

第三，各项业务水平达到改制以来最好水平。截至2021年5月末，在不到一年半的时间里，全行各项存款余额有193.4亿元，较2020年初增长26.6亿元，增幅16%；各项贷款余额有159.5亿元，较2020年初增长26.5亿元；实体贷款余额有142.6亿元，较2020年初增长26.2亿元，剔除特殊因素，实际新增37.4亿元，增幅35.5%；2020—2021年5月累计实现各项收入13.2亿元，实现拨备前利润2.98亿元。

记者： 如何让员工的想法从"发工资"到"挣工资"，从"要我干"到"我要干"转变？绩效改革后，山东济宁农商银行员工的绩效薪酬发生了哪些变化？

路伟： 这绝对不是一蹴而就的。首先要强调的是"以人为本"的核心，其次还有与之相匹配的科学的、高效率的绩效考核办法。

确保全体员工能够正确理解绩效考核办法，掌握考核导向，抓住工作重点和考核重点，充分发挥绩效考核"指挥棒"的作用。要想转变员工想法，就要做到以下三点。

一是召开绩效考核宣讲会议。先后在总行组织多场领导班子、中层干部、其他岗位员工参与的绩效考核宣讲会议。

二是进行现场辅导。在宣讲基础上，按月组织人员到支行现场辅导，帮助员工分析上月考核结果，挖掘工作短板，提出改进思路，帮助员工持续提升工作业绩、争取高额绩效。

三是建立覆盖全员的"绩效考核交流群"沟通机制。由行政管理部、绩效项目组牵头，各业务部室指定业务骨干作为条线考核专员，第一时间在群内解答员工提出的各类考核问题。通过反复多次深入的考核宣讲、滴灌辅导，显著提高了员工对绩效考核的理解度、认可度和接受度。

通过不断地调整和努力，员工薪酬变化非常明显：一是一线人员的月均绩效工资较2019年同期显著提升，且客户经理岗位绩效工资增长额和增幅均高于厅堂人员。二是员工普遍从绩效改革中获益，70%员工的月均绩效工资较 2019 年同期有明显增加，最高的一位客户经理月均绩效工资增加 2.9 万元，全年多挣绩效工资超过 30 万元。三是涌现出一大批高绩效员工，绩效工资月均在 8000 元以上的员工数量达 2019 年的 2 倍以上。

记者：山东济宁农商银行建立了等级行、等级客户经理、等级部室、星级厅堂考核等一系列"等级管理办法"。建立等级管理办法的作用有哪些？操作过程中有哪些值得重视的关键点或问题？

路伟：建立"等级管理办法"的作用主要体现在三点：一是建立一套员工"能进能出、能上能下""优胜劣汰"的机制；二是全方位评价员工岗位适配度，是人才选拔、储备、退出的有效保障；三是配套绩效考核制度，补足绩效考核制度无法涵盖的方面，形成全方位考核体系。

在构建"等级管理办法"过程中，值得重视的关键点主要体现在三个方面：一是制定制度过程中，党委成员集体决策，达成共识；二是执行过程中，及时宣讲、分析，定期收集员工个人意见，不断优化完善；三是坚定执行并发文，没有完美的制度，只有坚持执行，才是检验制度合理性的有效手段。

记者：要调动员工积极性，必须要有一套员工认可的绩效考核方案。请问山东济宁农商银行是如何科学制订绩效考核制度的？

路伟：针对制订绩效考核制度，山东济宁农商银行党委班子深入基层调研，摸清考核需求。领导班子、总行部室、绩效项目组深入全行 22 家支行开展实地调研，征求员工对改革发展和薪酬分配的想法，搜集各类意见建议 201 条。疫情期间，先后召开 7 次党委扩大会议，集中研究基层反馈的情况和问题，梳理薪酬改革的方向和重点，明确提出加快启动绩效考核二次改革。

不仅如此，我们还做好顶层设计，优化考核体系。根据全行业务发展需要，结合支行反馈的意见及遵照省联社薪酬分配指导意见，明确提出坚持薪酬分配"向一线倾斜、向重点业务倾斜"的薪酬分配原则，重新设计全行薪酬考核体系。先后组织10余次党委会议与绩效项目组研讨工资基数、绩效薪酬切块、各岗位考核方案，创新推出等级行、等级客户经理、等级部室、星级厅堂考核等各类制度办法11个，优化完善工资基数、绩效兑现等9个维度的考核内容。优化后的考核体系得到了支行行长、基层员工的大力支持和高度认可。

记者：新的考核文化体系的形成，需要时间来沉淀，从建设到磨合，总行做了哪些工作来帮助员工理解、接受、认同新的考核文化？

路伟：这是一个不断优化的过程。

首先，总行班子高度参与、条线部室与项目组深度配合，建立"一纵一横"的绩效考核管理架构，为全员参与提供有力的保障。

其次，定期召开员工座谈会，深入基层听取大家的意见并广泛吸纳。

第三，定期开展宣讲及支行辅导，提高员工的理解度、认可度。

第四，建立条线部室、项目组直接到人的沟通反馈渠道，第一时间回应员工诉求。

最后，还要遵循PDCA循环（即计划、执行、检查、处理循环），创新推出及形成定期组织"经营分析会及绩效分析会"，推选"两会合一"机制，定期评估优化。

结　语

实践证明，绩效考核的实施，切实有效地发挥了激励作用。

"十四五"已经到来，对于竞争持续加剧和压力不断增加的农商行而言，绩效管理改革是一个渐进和不断优化的过程，建设的成效对改革的顺利推进起着至关重要的作用。

山东济宁农商银行以"零售转型"和"数字化转型"为风向标，在薪酬绩效机制建设过程中，不断拓展思路，果断执行，以成熟的薪酬绩效机制带动全行业务转型升级。

第四部分

锚定效果　砥砺前行

"让100%项目有效果"的底气来自哪里?

——丁家奎专访

时光倒回到20年前,广州市天河区高科大厦,一家以"天维"命名的软件企业诞生了。"天"是指天道,寓意要顺应客观规律,顺应金融电子化的趋势;"维"源于古语中"四方四隅"合称"八维"的说法,寓意企业发展的空间无限广阔。

2016年7月13日,这家聚焦于银行业绩效考核业务的民营企业,成功登陆新三板;到2020年底,天维信息的年收入达1.5亿元。

20年斗转星移,20年奋进激昂。广州天维信息技术股份有限公司董事长丁家奎谈及未来,信心百倍:"天维信息的方法论逐步成熟、商业模式已经成熟。我们将以最好的状态来迎接这个重大机遇的到来,天维信息必将为中国银行业的管理提升、竞争力提升做出独特贡献!"

在与他的一番深入探讨之后,我们深刻感受到了一位民营企业家的谋略胆识,也深刻感受到了一位知识分子的家国情怀。

记者: 绩效考核是公认的"世界性"难题,银行的绩效考核更是难上加难。在创业之初,天维信息选择"专注银行绩效考核"的企业定位,是基于怎样的考虑?

丁家奎: 2001年,中国加入世界贸易组织,中国的金融系统正式进入开放、竞争的新时代。那一年,我正在中国人民银行下属的一家金融电子化公司工作。由于这家企业因经营问题濒临倒闭,我与其他三个同事一起出来,想要创办一家自己的公司。

选择银行作为主要客户，是因为我们之前就是在这个行业工作。之所以选择"绩效考核"这项业务，以"专注银行绩效考核"作为天维的"定位"，我们几个合伙人是进行过深入讨论的。

当时的行业背景是金融系统改革不断深化，国内商业银行的基本格局，从"以四大国有银行为主"逐渐向"构建多层次、多样性的股份制和地方性商业银行"转变。市场环境方面：一是客户的金融需求日益增加，每家银行都需要打造一支优质的服务团队；二是中国加入世界贸易组织，银行业的竞争日趋加剧。在产品同质化的背景下，银行间的差异主要体现为服务差异，而银行的服务是由"员工"提供的，要提升员工的工作动力，激励员工提供优质服务，最直接有效的手段就是"绩效考核"。

从银行管理角度看，建立精细化管理体系是银行走向现代化企业管理必须跨过去的一道门槛，绩效考核是精细化管理体系的动力系统与核心。绩效考核系统是管理会计系统、客户关系管理系统、全面风险管理系统等经营系统落地的支撑系统。没有绩效考核的支撑与应用串联，各类经营系统就会成为"数据孤岛"，成为"花架子"，难以发挥作用。

基于以上思考，我们制定了"两个专注"的基本战略。即专注于银行业，专注于绩效考核。

公司创立10多年后，我们发现业界一直低估了银行绩效考核的重要性。2012年6月12日，中国银监会发布了《中国银行业监督管理委员会关于印发银行业金融机构绩效考评监管指引的通知》（后简称《通知》）。《通知》开门见山地提出："我国银行业近年来绩效考评机制建设和实际应用取得了积极进展，但仍存在一些不科学、不合理的突出问题，未能充分发挥绩效考评对银行业金融机构稳健经营的引导作用，一定程度上导致了不规范经营和无序竞争。银监会于2010年2月发布了《商业银行稳健薪酬监管指引》，从实践看，绩效考评是稳健薪酬的基础，为此银监会制定了《银行业金融机构绩效考评监管指引》（后简称《指引》）。银行业金融机构应认真落实《指引》的各项要求，树立稳健绩效观，结合自身实际，不断完善绩效考评制度体系，建立健全从董事会高管层到主要负责部门的管理机制、从总行（总公司）到分支机构的传导机制以及绩效考评的综合应用机制，充分发挥对稳健经营和科学发展的引导作用。"

当看到《通知》的时候，我们才意识到肩上的担子有多重。银行绩效考核这项工作不只是一项"生意"，而是关乎中国金融体系的系统性风险与长远发展的管理机制。

从 2009 年到 2021 年，财政部发布《商业银行绩效评价办法》并多次修订，最近一次（2020 年 12 月）的修改完善，主旨是在进一步发挥市场机制作用，激励商业银行更加有效地贯彻落实国家宏观政策，更好地服务微观经济、实体经济，为商业银行稳健运行、高质量发展和服务实体经济提供保障支撑。

我们回过头来审视天维信息扮演的角色，其实是在帮助银行落实中国人民银行、银保监会、财政部等中央部委的要求，及时调整考核体系，筑实高质量发展之路。关于这一点，我一直引以为傲，天维信息 20 年来，一直在为推动国家金融命脉的稳定与强大尽一分绵薄之力。"秤砣虽小，能压千金。"根据银保监会最新发布的银行业金融机构法人名单，全国共有 4608 家银行。截至 2021 年 7 月，天维信息已经服务了 572 家，占比 12.4%，成为国内服务案例最多的银行绩效考核供应商。

记者：天维信息成立之初是一家软件公司，但是目前为银行提供的服务内容早就突破了"软件"的范畴，这个突破是从什么时候开始的？

丁家奎：天维信息首次突破"软件"服务的边界，是在 2008 年的时候推出了"咨询"服务。当时刚推出的时候，还是叫"信息化咨询"。之所以要推出咨询服务，是因为我们在 2007 年的时候开始意识到公司的业务面临一个巨大的问题，甚至叫作"危机"也不为过。

21 世纪初，软件行业已经有了非常成熟的实施方法论，第一步就是"谈需求"，而且现在绝大多数软件公司也还在应用这一套方法。但是经过六七年的探索，我们发现"谈需求"这一做法完全不适应于绩效考核系统建设。其根源就在于，客户也说不清楚真实需求。其主要原因有三点。

第一，绩效考核是"一把手"工程，同时用户覆盖高层、中层、基层，但是大多数银行参与"谈需求"的人员并不是"一把手"，也不是各层级用户，而是科技部的项目团队。项目团队通常很难见到"一把手"，更别说代表"一把手"谈需求了。记得当年我们做过某一家股份制银行，提交验收时，"一把手"才说"考核对象是错的"。

第二，客户都是基于过往经验来提需求的，无法结合银行的发展战略，更加无法结合同业的先进办法来提需求。这方面的例子数不胜数。更多的项目做需求时考虑的是本年度的需求，而上线时已是第二年，验收时已到第三年，就像"昨天的阳光晒不干今天的衣服"一样，这样做出来的系统没有任何意义。

第三，绝大部分客户不是考核专家、没有受过系统训练，无法提出严谨的、互相关联的需求，就像盲人摸象，无法统筹全局，往往是顾此失彼、按下葫芦浮起瓢。绩效考核涉及人事管理、财务管理、业务管理、客户管理等板块，涉及从行员到机构所有人的切身利益，牵一发而动全身，管中窥豹的"需求"只会添乱，不能真正发挥作用。

从银行的角度出发，"说不清楚真实需求"这一问题带来的直接结果就是考核系统难以满足内部用户需求、项目周期加长甚至反复建设。而对于天维信息项目组来说，面临的问题就是实施成本增加、产品口碑不稳定，进而导致产品价格很难提升，公司盈利困难。

因此到2008年，公司毅然决然地推出咨询业务，其目的就是帮助客户明确绩效考核规划与实施策略，提升需求准确度，避免盲目建设。时至今日，经过12年发展，天维信息的咨询服务内容从信息化咨询起步，逐渐覆盖了全面绩效管理咨询、战略绩效管理咨询以及人力资源管理咨询等内容。

在咨询方法论上，我们先后提出"三三制""五结合""1331体系"等先进理念，在此基础上推出咨询最佳模型，推行到遍及全国的各个项目上，取得的效果非常明显，客户的认可度也很高。

记者： 天维信息通过推出咨询业务解决了"客户不了解真正需求"造成的困局。除此之外，在20年的发展过程中，你们还遇到过哪些重要的挑战？

丁家奎： 我认为按照经历过的重大挑战划分，可以把天维信息的发展历程划分为三个时期，这三个时期的分界线是我们在三个重要的认知上的突破，我称之为三次"认知革命"。

第一次"认知革命"就是我刚才提到的，认识到"客户不了解真正需求"，进而我们推出了咨询业务，帮助客户规划好整个考核体系。第二次"认知革命"就是认识到"只有得到广大员工广泛认同的考核办法，才是好办法"。在这一阶段，我们的挑战就是"如何让80%的员工满意"，只有员工满意，才能提高工作积极性。

在实践中，我们发现，过度关注软件开发、过度关注制度的先进性、过度关注决策层的意见，都会导致考核体系名存实亡，你考核你的，我该怎么做还是怎么做，这样的考核还不如没有。没有一种考核制度可以让100%的员工满意，能让80%的员工满意，已经实属不易。

为了提升员工满意度，我们在2012年推出了新的业务"应用推广"。即在考核方案与制度颁布后，通过多种方式进行绩效考核的培训推广，统一干部到员工的认识，帮助全员认识绩效考核系统与个人利益、个人发展的关系，帮助员工熟悉制度，从而理解考核导向，并有侧重地拓展重点业务。在培训推广的方法层面，天维信息创新了问卷调查办法，推出"三个社交群"、下支行辅导、奖优评先等举措。经过实践检验，这些方法还是卓有成效的。

记者： 您介绍了天维信息早期面临的两次重大挑战和变革，那么第三个时期的挑战是什么呢？

丁家奎： "应用推广"业务推出的第二年，我们很快意识到客户眼里看到的绩效考核系统和我们认为的并不完全一致，客户嘴里说的是考核方案、制度、培训推广，但是心里最想要的、最关心的实际上却是考核"效果"，这就是天维信息第三次"认知革命"的出发点。因此，天维信息面临的第三个，也是最大的挑战，就是如何保证考核的"效果"。

要实现"效果"，首先要明确"效果"的含义。

经过多年的实践摸索，天维信息总结出了"效果分层理论"。按照这个定义，实施绩效考核可以实现三层效果（见图1）：

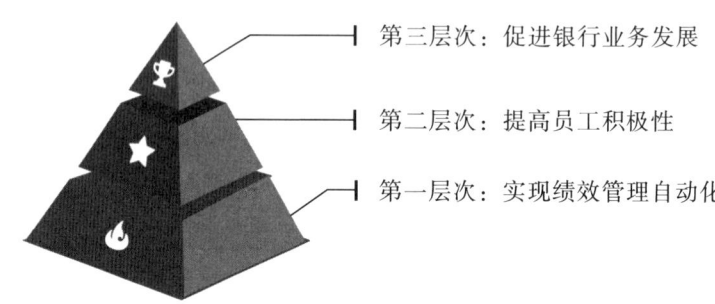

图1　绩效考核的三层效果

绩效考核是一项系统性非常强的工作，它是一套利益博弈的工具，从宏观形势到个人风格、从战略到员工、从人事到财务、从客户到产品，无所不包。正因为复杂，绩效考核体系很难做好，往往是"播下龙种、收获跳蚤"，银行领导事与愿违、员工怨声载道、业绩停滞不前。

很多银行建设绩效考核系统，光是要实现第一层效果"绩效管理自动化"就已经很不容易。天维信息敢于提出"让100%的项目有效果"的口号，在当时来看很大胆，但并不是有虚无实。

2014年，天维信息开启了围绕"效果"的一系列探索之路。天维信息提出，建设有效果的绩效考核体系，其核心是"效果理论"，简单说就是以"九分业务、一分技术""三分打造、七分运营"两个核心理念构建的"四个体系"（管理体系、文化体系、制度体系、软件体系）、"三个阶段"（建设期、磨合期、成熟期）理论体系。

基于以上理论，天维信息创新出"数据服务"的商业模式，在多年项目建设的基础上，彻底抛弃"一锤子买卖"这种"交钥匙式"的短期项目式合作模式，构建起立足于长期合作、服务覆盖"四大体系"的项目建设模式。遵循"规划设计、方案设计、制度设计、业绩管理、定价、软件实现、培训推广、效果评估"八大任务的建设流程，而且是连续不断、螺旋上升的，覆盖完整的建设期、磨合期、成熟期三个阶段。

新的商业模式，需要天维信息重塑与之相匹配的运营生产模式，"数据服务模式"从 2014 年提出至今，经历了三个阶段。

2014—2016 年是建设期。我们新设立项目总监岗位，将咨询师、工程师下沉到每个项目，由"流动服务"改为"驻点服务"，将"短期软件工程流程"改造为"长期管理服务流程"。

2017—2020 年为磨合期。公司提出"三个一"（一流质量、一流人才、一流收入）的建设目标，重构了天维信息的组织架构，设立了 12 个省级服务中心。为了让各阶段、各条线的工作变得可控，就要实现标准化、流程化，于是天维信息启动了项目管理、咨询管理、软件管理三个条线最佳模型的研发工作，要把"靠个人能力"变为"靠方法论与机制"服务客户。通过一系列改革，项目质量提升取得明显成效。

至此，"数据服务"模式正式进入成熟期。

记者：天维信息一路走来，可以说是不忘初心、脚踏实地。您如何看待今天天维信息的成长？

丁家奎：男子二十称弱冠之年，天维信息今年正值 20 岁，正是朝气蓬勃、厚积薄发的黄金时期。我们的业务能力已经达到引领客户的水平；我们的核心竞争力"三大法宝"已经逐渐成熟；"数据服务"模式也已经完全进入成熟期。

在我看来，业务能力是天维信息的核心竞争力，制度体系建设是整个绩效管理工作的核心。

自从 2008 年涉足咨询业务以来，天维信息的业务能力不断提升、团队成长速度不断加快。

在理论突破上，我们逐步提出并完善了"效果理论"，且不断完善咨询方法论、开发咨询工具，形成了具有天维信息特色的绩效考核咨询方法论。

我们将整个团队咨询能力的提升，划分为三个阶段，分别为：跟随、并行、引领阶段。

跟随阶段：需求由客户主导。在这个阶段，天维信息制定出不少访谈、调研模板，力争准确、快速地了解客户的想法。

并行阶段：需求由双方协商沟通确定。天维信息提出"三三制"（即制订方案时，客户需求、天维知识库、行业案例各占1/3）方法论，用科学的手段引入天维信息的知识积累、业界的先进方法论。

引领阶段：考核方案由专家主导。天维信息提出"五结合"（即制订方案时，要与经济形式、银行发展阶段、银行发展战略、银行绩效管理基础及一把手管理风格相结合）方法论，根据客户的战略、发展阶段等实际因素，因地制宜地制定考核方案。

从时间上来说，2019年是一个分水岭，天维信息的方法论到了这一年开始逐步成熟，并开始系统化地出版专著。绩效管理五个阶段规划、咨询"五结合"方法论等理论逐步成熟起来，天维信息的能力足以支撑"战略绩效管理"的实现。因此可以说，2019年以后，天维信息的咨询能力整体进入"引领"阶段。

"数据服务"模式推出后，天维信息在知识管理、人才管理、流程标准化（最佳模型）方面取得突飞猛进式的发展，逐步形成了支撑数据服务、保证"一流质量"的三大法宝。

2021年8月，天维信息同时服务的客户数有369家。下一步，同时服务的客户数会突破500家，甚至1000家！"要让100%的项目有效果"是我们的质量目标。一流质量就是实现"三层效果"，实现"三层效果"靠"三大法宝"，不是靠能人，更不是靠灵光乍现的"技巧"。

一是知识库的建设。评价一家咨询公司是否强大，知识库一定是一项重要指标。天维信息从成立之初就非常重视知识管理，目前公司已经拥有"三库一平台"的强大知识管理共享平台，通过建立智库平台，搭载案例库、方案库和问题库。智库平台文件数量近万份，提炼绩效管理案例超千份。天维信息是一个开放的公司，我们现在的很多新的理论研究成果都会通过微信公众号、《知行》《银行绩效考核专刊》以及专业书籍公开发布。线上平台"天维智库"目前面向天维信息所有一线员工开放，待功能进一步完善后，我们会开放给客户直接使用。

二是三个"最佳模型"的开发。从第一个最佳模型"项目管理最佳模型"的封闭开发，到今年，三个最佳模型已经更新到了 4.0 版本，我们预设的目标已经完全实现，甚至是超预期的。三个最佳模型最大程度地保障了项目质量的稳定性、可控性，同时大大提升了客户以及天维信息双方项目团队的工作效率。如果有官方机构要颁布企业管理创新的奖项，我毫不心虚地保证，天维信息的三个最佳模型绝对有资格获此殊荣。

三是"人才团队"建设。我们在全国设立了 12 个省级服务中心，服务覆盖全国 30 个省、直辖市、自治区。省级服务中心的团队由总部三大条线统一培训，并且共享公司统一的知识库平台。天维信息目前拥有一支由 750 人组成的绩效考核专家团队，其中咨询师有 200 多人，项目总监有 100 多人，技术人员有 300 人多，另外，还有绩效考核理论研究团队与质量管理团队。这在国内乃至全世界，应该都是最大规模的绩效考核专家团队。

最重要的一点是，通过不断实践、探索，"数据服务"模式已经完全进入了成熟期。

我们 2014 年提出持续 5 年的"数据服务"模式，从 2019 年首批数据服务客户到期，近三年每年数据服务合同到期续约的比例都在 95% 以上。证明了客户对于"数据服务"模式的高度认可。

记者： 天维信息聚焦服务银行业，您如何看待现在银行业的市场变化与竞争形势？在此背景下，天维信息又面临哪些机遇与挑战？

丁家奎： 经过四十几年改革开放，中国已经发展成为世界第二大经济体，经济体量已经接近美国的70%、是第三大经济体日本的近三倍。

中国经济取得这样的成就，离不开银行业这一重要支柱。在支持经济发展的同时，银行业也实现了飞速发展，不仅中国工商银行成长为全球第一大行，农信系统也在最近二十年尤其是省联社成立后这十五六年里快速发展。2020年年底，全国农信系统资产规模总量超过40万亿元，超过中国工商银行，成为新一代的"宇宙行"！

经过二十年的快速发展，随着国内外形势的变化，银行业也遇到了很多新问题、新情况，概括起来有如下几点。

一是银行遇到三大困难。

第一个，经济下行影响银行业务拓展。2008年世界经济危机后，中国也告别了高速增长期：2012年度GDP增速降至8%以后，增速一直处于下降趋势，中国由高速增长进入"高质量"增长阶段。近年来，以美国为首的西方国家遏制中国的发展，2020年至今新冠肺炎疫情无情打击了全球经济等，在经济下行影响下，银行规模扩张放缓、盈利能力下降、不良贷款反弹、员工流失加剧……大家都在感叹"银行不好干了！"

第二个，金融业开放是大势所趋。近年来，中国政府逐步加大金融业开放力度，各种政策措施层出不穷：2018年，中国人民银行推出十二项开放措施；2019年，中国银保监会先后推出十二项、七项开放措施；2019年，国务院推出十一条开放措施；等等。

第三个，金融监管日趋严厉。自2017年3月末，原银监会开展"三违反、三套利、四不当、十乱象"专项治理行动以来，新的监管措施不断出台，对银行经营的产品、服务的区域、利率范围等方方面面都严格管理，处罚措施前所未有，监管政策越来越严厉。在从严监管的大背景下，银行赚快钱、赚大钱的财路被阻断，回归本源、支持实体经济成了必然选择。

二是银行面临三大挑战：银行数量增加、市场竞争常态化、金融科技发展。

随着金融业开放力度加大，外资银行进入中国市场的数量必然会越来越多。对外资银行开放的同时，必然加大对内资的开放力度。我国自2014年开始允许设立民营银行，至今已经正式挂牌的民营银行有19家，新的民营银行还在不断筹建中。村镇银行从无到有，现在已经超过1600家。

随着市场经济的不断完善，银行的形态和数量会越来越丰富。银行数量的增加，必然导致整个银行业竞争加剧，银行之间的竞争会更加全面、深入、激烈、常态化。

金融科技的发展一日千里，科技创新无处不在。移动支付的普及，大大改变了大家使用现金的习惯，从而影响到银行的产品创新、网点转型，逼迫银行完成组织架构调整。未来的金融科技将给银行带来更多想象不到的变化。

金融科技的发展还会带来跨界竞争。一些科技企业摇身一变成为银行的竞争对手，比如已成气候的蚂蚁金服、微信支付、京东金融等。对传统银行的生存带来更大威胁的不是某一家银行，而是这些跨界竞争者。

三是银行呈现三化趋势：数字化、精细化、差异化。

"三化"是传统银行向现代银行转型的必由之路，数字化是手段、精细化管理是抓手、差异化经营是结果。传统银行"千人一面"，未来的银行一定有自己独有的产品、客户群、盈利模式。

"三化"代表银行未来十到二十年的大趋势，绩效考核是精细化管理的核心，是所有银行绕不过去的一项基础工作。

关于天维信息面临的机遇和挑战，整体来说是机遇大于挑战。

在目前的宏观环境下，银行经营面临着较大压力，尤其是中小银行，转型创新的压力、大行下沉的压力、利差收窄的压力、人才流失的压力等，使得银行一方面必须加大精细化管理的投入，另一方面也会更加精打细算投入产出比，这就会影响市场拓展的速度。

受"三化"趋势的影响，越来越多的银行重视绩效考核、投入绩效考核，绩效考核从一个不起眼的项目逐步发展为一个显性的市场，尤其是省联社、大银行重视以后，使得这个赛道越来越拥挤，竞争者越来越多。

鉴于天维信息的行业领先地位，竞争者模仿天维信息不可避免，甚至通过定向挖人来学习天维信息的方法论也不足为奇。但是，真正的市场领先者不可能被模仿者超越，不可能被竞争打垮！真正的市场领先者面对竞争时更加积极上进、努力创新，不断进步才是最有力的竞争武器。

综上所述，市场变化使得银行更加重视绩效考核体系建设，不仅仅是中小银行，所有银行通过绩效考核体系构建精细化管理体系的时代已经到来，天维信息拥有非常广阔的市场空间。

在这个背景下，天维信息的方法论逐步成熟、商业模式已经成熟，我们将以最好的状态来迎接这个重大机遇的到来，天维信息必将为中国银行业的管理提升、竞争力提升做出独特贡献！

记者： 展望未来，天维信息如何布局？

丁家奎： 未来，天维信息将重点围绕三个方面做好战略布局。

一是持续提升天维信息的能力，做到100%的项目有效果。

首先，天维信息的战略定位不会变。二十年来，我们始终坚持"两个专注"：专注于银行业、专注于绩效考核。"专注"成为天维信息最重要的战略定位。从长远来说，专注于绩效考核这个领域，仍然是天维信息不可动摇的定位，行业可能会突破，但产品领域不会变，多元化永远不会是天维信息的发展战略。

其次，"一流质量"是核心经营理念。企业的良心就是为客户提供物超所值的好产品，所以，自从效果理论成熟之后，天维信息的定位就旗帜鲜明地明确为"让100%的项目有效果"！绩效考核被称为"世界性难题"，多年来没有哪个公司敢宣称对效果负责！是难题，同样也是机会。正因为多数公司做不好，才给了天维信息树立口碑的机会。"数据服务"模式已经进入成熟期，被证明是绩效考核项目最有效的合作模式；效果理论是天维信息二十年筚路蓝缕摸索出来的先进理论，其经过实践检验将会越来越成熟、越来越完善；"三大法宝"成为天维信息的独门绝技、核心竞争力，随着时间的推移,"三大法宝"将发挥出更大的威力。

总之,"数据服务"、效果理论、"三大法宝"是天维信息敢于承诺"让100%的项目有效果"的底气。

二是在产品线上,围绕"效果提升"进行产品拓展,远景目标是"高绩效工作平台"。

在效果理论探索过程中,天维信息先后提出"四驾马车""三大变革""绩效考核五个阶段"等理念,这些理念同时也指明了天维信息下一步产品拓展的方向。

正因为天维信息在多数项目上能够做到"有效果",所以形成了独特的"六个有"优势:

有需要:考核是动力系统,动力系统建立起来之后,相关管理工作必须跟上。

有能力:"数据服务"模式被证明是管理体系建设最科学的模式,天维信息能够做好绩效考核这个难题,同样能够做好其他管理体系建设。

有数据:绩效考核系统集成了一家银行最全面的管理数据。

有团队:天维信息在服务的所有银行中常驻团队,角色完整、分工明确。

有机制:天维信息已经逐步磨合出成熟完整的 PDCA(Plan、Do、Check、Action)绩效管理流程,适用于所有管理体系。

有关系:绩效考核上接战略、下管员工、左手人事、右手财务,是银行管理的连接纽带,作为"一把手工程",可以高屋建瓴地构建起全面的精细化管理体系。

这"六个有"优势,奠定了天维信息深度介入银行精细化管理体系建设的基础,也体现了绩效考核作为内部管理"总抓手"的特点。

有了绩效考核这个"总抓手",我们就可以逐步将客户的营销管理、客户管理、财务管理、人事管理、战略管理等工作统筹起来,从而形成"有效果"的"高绩效工作平台"。

不管是单一的绩效考核项目，还是叠加几个管理项目，直至"高绩效工作平台"，都是围绕考核"效果"开展的，都属于绩效管理的范畴，不会改变天维信息"专注"绩效考核的定位。

三是在行业拓展上聚焦金融业。

天维信息已经聚焦银行业二十年，但目前的市场占有率并不高。并不是天维信息不够努力，而是这个市场足够大！有了银行业的积累，下一步再延伸到其他非银行金融机构也就顺理成章了。

中国拥有全球第一大的人口规模、第二大的经济总量、第三大的国土面积。可以说，中国是全球最大的绩效考核市场！踏踏实实做好每个客户，让100%的项目有效果，与每个客户建立终身合作关系，这个市场就会无穷大！

记者：经过20年的励精图治，天维信息成为一家成功的民营企业。在您看来，天维信息的成功缘于什么？

丁家奎：天维信息能够取得今天的成就，得益于这个团队的创新意识和拼搏精神。但此时我更想说的是：感谢祖国、感谢时代！

天维信息生存在一个最好的时代、一个最好的国家，没有这个前提，就没有天维信息的今天。

第一，几十年的社会稳定、国泰民安。中国长期以来稳定发展，没有战争、没有动乱，经济持续高速发展，从一个贫穷落后的国家，一跃成为世界第二大经济体。没有国泰民安就没有企业的生存空间，这样的太平景象超过了历史上所有的阶段，可以这么说，我们有幸生活在中国历史中最好的阶段！

第二，改革开放的基本国策。中国共产党推动的改革开放，成为中华民族伟大复兴的"关键一招"。现在，中国已经确立了社会主义市场经济的总方针，百业兴旺、经济发达。正因为有这个基本国策，我们才能创业，才能得到各种政策扶持，民营经济才会有今天的大好局面。正因为有这个国策，我们的主要客群银行才能随着时代快速发展，才会产生旺盛的管理需求，我们才有如此大的发展空间。

第三，巨大的市场。全国有 4600 多家银行，而且数量还在不断增加；全国银行从业人员超过 300 万，这个数量也在不断增加。各种金融机构蓬勃发展，机构数量、从业人员数量都在快速增加。总之，这个市场不仅存量大，增速也很快，需求在不断扩展，这是一个空间无限的市场。

第四，发达的基础设施。交通设施如飞机、高铁、高速公路四通八达，使得我们可以将业务做到全国各地，做到各个县域。通信网络如电话、互联网等基础设施高度发达，网络覆盖全国的每个角落，使得我们的知识管理、项目管理、公司管理能够触达每个项目、每个员工，使得我们同时管理几百个项目，也不至于手忙脚乱。

第五，快速提升的高等教育。在天维信息的"三大法宝"中，最难的，也是最重要的就是"人才团队建设"。我们从事的行业要求员工必须拥有较高素质。中国的大学扩招以及快速提升的教育水平，成为天维信息源源不断地吸收高级人才的重要保障，而且可以吸引到全国各地的人才，使得我们成立省级服务中心成为可能，使得任何一个角落的项目都可以保证人才投入。

第六，优秀的民族文化。中华文化的基础是儒释道，其中儒家文化又是中华文化的核心构成部分，经过两千多年的进化，儒家文化融入了中国人的血液，如今与市场经济相结合，绽放出璀璨的光芒。"修身、齐家、治国、平天下"——多数读书人都有家国情怀，而不仅仅被利益驱使，只要一项工作利国利民，即使牺牲个人利益也会去做；为天地立心、为生民立命、为往圣继绝学、为万世开太平——知识分子都有立功、立言、立德的崇高追求，因此，在人生追求上都会不断挑战自我、追求成功。中国知识分子这种上进心是独一无二、永不枯竭的，这是多数中国人勤劳的心理密码，也是多数中国企业能够成功的秘诀所在，其重要意义不亚于甚至超过西方的"新教伦理"思想。

总之，一个企业的发展，微观上取决于决策者的战略选择及团队能力，宏观上则是由时代特点和趋势决定的。我们有幸生活在一个好时代,随着"两个一百年"奋斗目标的确定,我们坚信这个好时代还会延续。放眼全球,第四次浪潮已经到来,全球化趋势已经形成,地球村格局初现,这也是人类历史的一个好时代。

感谢时代!

"创造价值"是企业经营的核心

——姚慧明专访

20年光阴荏苒，天维信息一路风雨兼程，既实现了自身发展，取得优良业绩，也见证了银行绩效管理的发展变化。在服务客户的过程中，天维信息为客户、为员工、为股东创造了极大的价值。同时，天维信息在不断探索的过程中，也洞察到"企业的经营核心还是创造价值、创造利润"。

作为天维信息的创始人之一，天维信息副总经理、董事会秘书姚慧明一路走来对企业的发展和银行绩效管理有着太多的感悟与思考。他认为，秉持"创新"理念的天维信息，在银行绩效管理领域深耕20年，通过实战积累了深厚的实践经验，形成了一套面向"效果"的绩效管理理念，建立了银行绩效管理项目实现的有效方法。伴随着天维信息服务的客户不断增多，公司的实战管理必将更加科学化，更好地服务于客户。

记者：作为天维信息创立的合伙人之一，您与天维信息一起见证了银行绩效管理的发展历程。在您眼中，银行绩效管理这二十年来发生了哪些变化？

姚慧明：这个问题涉及的范围很广，毕竟一家公司服务的客户再多，也还是会存在一定的局限。在这里，我仅从实战角度出发，来谈一谈个人的看法。

银行绩效管理的变化是跟随银行的商业化程度变化的。市场化竞争得越充分，银行在战略管理、绩效管理、金融产品设计、金融科技上投入的精力就越多。从过去20年的实践来看，银行对于绩效管理由"关注经营规模"向"关注经营效益"转变、由"关注市场营销考核为主"向"关注全过程绩效管理"转变、由"负面绩效管理"向"正面绩效管理"转变、由"关注考核结果"向"关注考核过程"转变。

下面,我来具体解释一下这几个变化。

1. 由"关注经营规模"向"关注经营效益"转变

过去,银行一个最重要的收入来源是息差收入,再加上上级监管部门或行业数据披露时,大多从银行的存贷款规模指标出发进行绩效考核。尽管,最终考核结果会考虑不良贷款的影响,但还是更多地传递出规模考核的思想。

随着时间的推移,银行的市场竞争程度日趋激烈,各家银行的市场规模增长受到一定的影响,同时息差逐步收窄,银行的经营者们逐步认识到,要以银行的经营效益为目标来制定绩效考核方案,从而推动内部经营的转型发展。

2. 由"关注市场营销考核为主"向"关注全过程绩效管理"转变

随着金融市场的开放,银行在日常经营中也必须向"以客户为中心"的思想转变。为了加强市场营销以获得更多客户、提升经营规模和效益,有的银行早期设计了很多市场营销考核的办法,有的银行选择全员营销的管理模式,有的选择专业化营销的管理模式。

随着金融科技的显著进步,银行面向客户的金融产品日趋丰富。然而,产品价值的实现需要考虑多个环节,比如产品设计、产品营销、风控管理、售后服务等,管理者发现经营或服务的过程管理显得尤为重要。因此,基于经营过程的绩效管理就应运而生。

同时,银行经营过程中的组织结构区分前、中、后台,往往一个产品的营销、一个客户的管理涉及多个部门。通过优化组织流程,合理设计全过程的绩效管理,对于提升银行的整体绩效越来越重要。

3. 由"负面绩效管理"向"正面绩效管理"转变

通常,以"规模考核为主"制定绩效管理制度的银行容易形成负面绩效。比如,银行在制订年度计划的时候,虽然考虑多种因素,但市场存在不确定性的变化、存在计划设定过高的风险。当计划无法完成时，原先计划中的绩效就要进行一定程度的扣除，从而形成负激励影响。员工一旦形成怎么努力都无法完成计划任务的想法，潜意识就会放弃努力，从而影响年度计划的实现。

最近几年，有不少银行高管都关注到了这一现象。在设计绩效管理方案时，采取多种措施减少容易形成负面绩效的因素，转而推动正向激励，以期形成正面绩效。由员工自主管理自身的绩效目标，更好地提升银行的整体组织绩效。

4. 由"关注考核结果"向"关注考核过程"转变

过去，由于银行的金融科技建设不够到位，缺乏用于支撑绩效管理的软件系统，或软件系统不能提供及时、准确的数据，需要人力资源管理或财务管理的工作人员，投入较多的精力进行手工收集数据并计算，耗时较长且数据时效性较差，导致绩效管理滞后。与此同时，银行经营管理者在进行内部绩效评价时，会更多地关注结果，而忽视了绩效管理的过程。

随着金融科技的进步，银行的经营者们可以有更多的精力去关注绩效的实现过程，设计多样性的绩效考核方案，并在经营过程中及时披露绩效数据，便于基层管理者或员工及时调整工作重心、工作计划，以实现团队或个人的绩效目标。

记者： 您认为这么多年来，天维信息给社会带来的最大的价值有哪些？

姚慧明： 作为一家企业，天维信息首先要能解决自身的生存与发展问题，在市场竞争环境下取得一定的成就，才能从天维信息的关系链中找到其对社会的价值。

过去的二十年里，天维信息围绕银行业的绩效考核管理，提供专业的解决方案，积累了一定数量的客户，取得了较好的市场口碑，公司已具备持续经营的能力。天维信息通过经营形成了一定的市场价值，同时也为社会做出了一些贡献。可以从客户、员工、股东三个方面来看。

1. 为客户的内部员工提供了专业服务

天维信息通过为商业银行客户提供专业的绩效考核管理综合解决方案，在客户方设计和推广该方案的时候，能在一定程度上改变客户内部不同岗位员工的工作积极性、主动性。

整体而言，银行员工在为银行的整体组织绩效有效提升付出自己的努力的同时，也得到了合理的绩效报酬。

2. 为公司员工创造了工作机会

天维信息自成立以来，聘用的员工不少于2000人，公司为社会提供了大量的就业机会，为员工个人的生存和发展提供了足够的培训，提升了员工为公司客户提供专业化服务的能力水平，员工个人也能在培训学习、日常工作中提高自身的工作能力。

天维信息的企业文化理念之一是"快乐工作、快乐生活"。员工通过工作获得合理的报酬，增加了家庭的经济收入，改善了家庭的生活。

3. 为公司股东创造了资本价值

天维信息的核心能力在于为银行业客户提供专业的绩效管理方案服务的同时，为股东的投资带来了回报。天维信息通过服务创新、产品创新、商业模式创新，获得了比较稳定的市场地位，形成了持续经营的能力，也能够持续为股东带来长期的投资价值。

记者：2016年，天维信息在新三板挂牌，成为一家公众公司。在您接触的投资人中，他们眼中的天维信息是一家怎样的公司？

姚慧明：天维信息的公司股票于2016年7月13日在全国中小企业股份转让系统（也称"新三板"）挂牌并公开转让，成为一家非上市公众公司。

公司挂牌之后，受到了不少上市公司和投资者的关注，2017年3月完成了新三板挂牌后的首次定增。3月10日，天维信息向广州科技金融创新投资控股有限公司定向发行的股票在新三板挂牌并公开转让。自天维信息的股票在新三板挂牌以来，共有60余名个人或机构投资者，通过二级市场协议转让或集合竞价交易取得了天维信息的股票。

通过与持有天维信息股票的投资者和有投资意向投资者的交流沟通，我们发现，投资者普遍认为，天维信息深耕银行绩效管理这一细分领域的定位是合理的，特别是能够在 20 年的时间里坚持这一定位并获得了市场的认可，是值得肯定的。

天维信息通过产品、服务、商业合作模式上的改进创新，尤其是绩效管理数据服务模式获得不少客户的认同和信赖，这些客户与天维信息建立了长期的合作关系。可以说，天维信息在绩效考核管理这一专业领域，取得了扎实的市场地位。

记者：您认为天维信息在行业里最大的创新有哪些？竞争者是否容易复制？

姚慧明：企业经营过程一定是伴随着创新的过程，创新离不开良好的积累与文化氛围。天维信息自成立以来，一直鼓励创新、持续创新，并建立了鼓励创新的相关管理制度，有效地激发了员工创新的动力。

天维信息的创新可以分成三种类型。

1. 商业合作模式的创新

商业合作模式的创新，解决了天维信息盈利模式的变革，在这种变革下，天维信息与客户的合作方式更加多样，双方合作得更加紧密，且实现了双赢。这方面的创新，是由双方合作的内在机理决定的，即使被模仿、被复制，也不会轻易"伤害"到天维信息。

2. 产品与服务内容的创新

天维信息的产品创新，包含技术创新、软件产品和咨询服务产品的创新。产品创新是根据过往项目的软件、咨询服务需求而提出的，同时，还要根据过去积累的经验创新。技术创新、软件产品创新、咨询服务产品创新是比较容易被复制、被模仿的，且对公司的影响最大。目前，天维信息已经在专利的申请、软件著作权的申请上加大了工作力度，以期能够更好地保护公司的创新研发、保护公司的知识产权。

3. 内部管理流程的创新

公司的内部管理流程创新，是针对公司实际情况，依据公司的经营战略要求进行流程再造，目的是提升服务质量与服务效率。管理流程创新是依据企业自身发展而实施的，即使被复制，还需要根据其他企业的管理现状进行调整，简单的照搬照抄是不能改变企业管理上的缺陷的。

记者：天维信息在发展中的每个阶段，都学习过哪些优秀企业的做法或文化？

姚慧明：天维信息在过去的 20 年里，一直向优秀的合作伙伴、竞争对手、客户学习，学习他们的经营管理方法、技术实践经验、业务研究能力，并结合自身的特点改进、总结和创新，找到了一条适合公司发展的经营之路。

天维信息成立之初，成为 IBM 的独立软件开发商，通过参加 IBM 公司的公开培训，学习其产品实施方法、项目管理经验和技术实现架构。随着天维信息的发展，我们发现企业的经营核心还是创造价值、创造利润，以及如何有效地实现企业价值，对此，公司的经营管理人员一度比较迷茫。

于是，天维信息从两个方向寻找解决方案：一是研究业务本身的实质，二是研究企业经营成本管理的合理性。在随后的十几年里，天维信息经营团队有幸在这两个方面向众多优秀的企业学习和借鉴。从传统企业那里，学习成本预算与控制管理，分析公司的成本；从咨询企业那里借鉴一些咨询的方法。

记者：您对天维信息的未来有信心吗？如果有，您的信心主要来自哪些方面？

姚慧明：作为天维信息 20 年成长的亲历者，我个人非常认同天维信息的发展理念和经营方向，相信公司在产品方面、服务能力方面、市场方面的创新增长能力。

天维信息在银行绩效管理领域深耕 20 年，通过实战积累了深厚的实践经验，形成了一套面向"效果"的绩效管理理念，建立了银行绩效管理项目实现的有效方法，即三个最佳模型：项目管理最佳模型、咨询管理最佳模型、软件管理最佳模型。伴随着天维信息服务的客户不断增多，公司的实战管理必将更加科学化，更好地服务于客户。

天维信息的经营理念中，有一个词是"创新"。公司自成立以来，始终坚持创新这一发展理念，公司为了更好地提供银行绩效管理服务解决方案，潜心研究绩效管理的本质，并在实战中加以检验。

无论是在绩效管理咨询上的创新，还是在绩效管理软件产品上的创新，都对天维信息的快速成长起到了非常重要的作用。未来，绩效管理咨询创新和绩效管理软件产品创新，仍将是天维信息快速成长的核心原动力。

天维信息通过为银行提供专业的绩效管理服务综合解决方案，建立起"快乐工作、快乐生活"的文化理念，企业与员工形成了良好的互动关系，为公司美好的未来打下了良好与坚实的基础。

"科韵路文化"在这里传承

——詹延遵专访

广州市科韵路,往北接入华观路,直通天河智慧城;往南接入南沙港快速,全长11公里。科韵路算不上广州的交通要道,但对于广州市的软件行业而言,却有着不一样的意义,一种独特的创新文化——"科韵路文化"在这里汇聚传承。

2001年,朝气蓬勃的天维信息从科韵路走来,它被广州天河软件园管委会党委书记詹延遵视作具有"科韵路文化"的典型代表。什么是"科韵路文化"?天维信息身上又有哪些独特鲜明的精神特质?詹延遵给出了他的答案。

记者:自天河软件园成立以来,孵化了一大批优秀的软件企业,您认为这些成功的企业都有哪些共同的特征?

詹延遵:广州天河软件园成立于1999年,比天维信息成立的时间略早一点,到现在已超过20年。在这20多年的过程中,经历了很多风雨,也出现了很多优秀的企业,比如软件业百强中的酷狗、北明软件,互联网百强中的网易等。

这一批企业,起步阶段都集中在科韵路产业园区。我们讲到的"科韵路文化"就是以这些企业为代表的,说的就是他们身上体现的创新求变、自信乐观、团队精神、百折不挠等特质。

随着经济社会的不断发展变化,许多软件企业迁出,也有许多软件企业进入,但"科韵路文化"已经融入这些企业的血液里,历久弥新。

天维信息是2001年在科韵路创立起来的,也非常快速地成长为一家具有自己独特竞争力的优秀的软件企业,天维信息身上也充分体现着"科韵路文化"。

先说说"创新求变"。天维信息所专注的银行绩效考核领域,当时是"前无古人",没有其他企业的经验可以参考,什么都要靠自己去摸索、探索。前途充满着未知,能不能成功谁也不知道,每个创业者身上都承担着巨大的压力。

我举个例子,2001年,如果是拿200万元投入房地产,先买一块地,再拿60%的土地使用权向银行去抵押,拿回60%的贷款资金开发商品房,通过出售商品房回笼的资金,不但能把买地成本收回来,也能把土地开发成本收回来,还有相当多的盈利。

但同样是这200万元,如果投入到软件行业,成立一个软件公司,前进的道路却充满了未知,即便最终得到了一个创新成果,也就是著作权或者知识产权,但是没办法直接变现,只有通过为社会创造价值,才有可能得到回报,实现变现。如果最终成果不被社会接受或者价值不高,那么软件企业创业者所投入的成本就相当于打了水漂。创业者又面临再次创业,就需要有另外一笔资金从头开始。

所以说,每一家成功的软件企业,必须具备创新求变的精神,紧紧围绕市场需求持续改进。这个过程其实是特别痛苦的,但也是无法回避的。

再说说"自信乐观"。从科韵路起家的这些软件企业,都很有自信,他们不但自信心强,也很积极乐观。创业时期大胆投入,在前路未知的情况下,认为这个行业一定能够为社会创造价值,也一定能够把团队带出来。

还有"团队精神"。经营好一家软件企业,团队的力量非常重要。在实现价值、实现目标的过程中,团队要充满自信地为共同的事业奋斗。培养企业的团队精神,最重要的是要有包容心。管理者对团队的每一位成员都要包容,团队成员之间也要互相包容,才能够达成一个组织目标。这个包容,不等于没有分歧,而是要求同存异、相互包容,倾听彼此的观点。如果企业不包容,团队成员之间不互相包容,那么就很难达成组织目标。所以能够走出来的软件企业，在团队精神方面一定都是做得不错的。

最后说说"百折不挠"。创业过程中，不可能一帆风顺，遇到了挫折、困难，要尽一切努力去克服、去闯关。团队不能因为遇到挫折、遇到困难，就灰心丧气、怨天尤人。所以，我觉得这些软件企业，都拥有百折不挠的精神，靠这种精神，一步一步壮大起来，最终走向成功。

天维信息就是这一批软件企业中一家非常优秀、有代表性的企业，也用行动和业绩很好地诠释了"科韵路文化"。

记者：您认为天维信息与天河软件园的其他企业相比，有哪些特质？

詹延遵：我觉得天维信息跟天河软件园其他企业相比，除了有以上四方面共同的特质，还有两方面精神特质。

第一，天维信息的向心力特别强。从创立到现在20年过去了，天维信息的创始股东现在还在一起，这在企业中实际上是很少见的。说明天维信息拥有独特的企业文化、价值观，能够得到大家的认同。通过企业文化和企业价值观的凝聚力，把大家凝聚在一起，向同一个目标奋斗。

天维信息通过自己的制度建设、企业文化、企业价值观来影响每一位员工，使员工能够在企业营造的氛围和环境之下健康地成长，发挥他们的聪明才智，贡献每一位员工的力量。

第二，天维信息拥有工匠精神。天维信息深耕银行绩效考核领域20年，20年专攻一点，相对于其他企业，天维信息在这个领域会更加优秀。

在深耕过程当中，天维信息也一定遇到过很多偏离主业的诱惑，但天维信息始终坚守初心，始终深耕银行绩效考核领域，一直以来坚持自己的主业方向不偏离，打造出差异化的核心竞争力。所以，像这类长期专注于某个细分市场的企业，在资本市场上应该是被非常看好的。

记者：您觉得一个有作为的企业，应该承担什么样的社会责任？您认为天维信息的价值与责任，都体现在哪些方面？

詹延遵：每一家企业都应当承担一定的社会责任。企业应当有包容博爱的胸襟，承担起相应的社会责任，比如遵纪守法、依法纳税、树立良好的品牌形象等。社会一看到这家企业的名字，或者是业界一看到这家企业，都能够高度认同这家企业的文化和企业精神，这样，就能够共同构建起一个互信、良性的社会环境。所以，企业无论是对内，还是对外，都要承担起这样一个责任，而不是简单的一种雇佣者和被雇佣者的关系。不可否认，天维信息就承担起了重要的社会责任。

另外，天维信息还拥有良好的人才观。企业发展不可或缺的就是人才，企业应承担培养人才的责任，打造起一个让员工能够快速成长的平台，企业才能实现良性的发展。天维信息最开始在科韵路"起家"的时候，只有 30 多人，慢慢发展到超过 100 人，到天河软件园时就已经有 300 人，后面快速增长，从 300 人直接到 500 人、700 人……天维信息员工的快速增长，体现出这家企业拥有良好的人才观，拥有优秀的人才管理能力。

天维信息通过建立知识库，为人才的培养成长提供了良好的支撑，能给员工提供一个学习成长、发挥光热的平台，天维信息的员工数量才能呈现快速增长的态势，源源不断地为公司、为社会输送相关专业人才。

记者：您如何看待天维信息未来的成长与发展方向？

詹延遵：整个国家的大环境是鼓励创新。习近平总书记讲"创新是第一动力"。天维信息一路走来，如果没有创新，也不可能发展到今天的规模。

希望未来，天维信息能继续沿着创新的路子发展下去。同时要加速提升培养人才的精准度，根据员工岗位序列划分，有针对性、精准地对不同岗位员工进行培训，提升其专业能力。要发现人才、留住人才、培养人才，进一步加强人才管理，让人才在工作中充分发光、发热，为企业、为社会带来价值。

另外，要让企业自身所创造的价值，能够通过适当的机制，比如证券市场，得到良好的体现，让社会、市场认可天维信息创造的价值，也是对其努力的一种回报。

同时，也希望通过企业文化、企业价值观的塑造，让员工认可天维信息创造的价值。天维信息服务银行业，是在为国家、为社会做贡献，要让员工有这样的社会责任，从而增强团队的凝聚力、向心力，形成对社会的责任感、成就感，会让整个团队的精神面貌焕然一新。

还有就是要继续保持"工匠精神"。在为银行提供服务的过程当中，可以多问几个为什么：我还能不能做得更好？能不能在服务的过程中提供更大的价值？能不能通过银行，来体现天维信息对社会的价值？

记者：现在很多企业，内部管理方面可能并不完善，未来遇到经营环境的改变时，内部管理的风险会被放大。因此，想听一听您对企业精细化管理发展趋势的看法的判断。

詹延遵：天维信息属于典型的知识型企业，因此要用知识型企业的管理模式来进行精细化管理。员工和企业的价值观、使命感，都要走到同一个轨道上来。一定要向员工充分灌输，让其理解并认同企业的价值观和发展战略，让员工与企业达成共识，这个非常重要。

一个知识型的企业，如果企业的发展方向和价值观与员工的发展方向和价值观相违背的话，要想实现企业的战略目标，那是非常困难的，精细化管理更是无从谈起。

记者：之前您提到了很多优秀的软件企业，他们对员工的成长帮助体现在各个方面，包括薪酬、培训，还有企业文化建设方面，有没有一些好的经验做法值得借鉴？

詹延遵：可以从企业和员工两个层面来讲。

第一，企业要在知识的创造、获取、应用还有积累学习这些方面建立一种制度，让学习成为员工的一种自觉行为。在制度执行的过程当中，员工由于得到了企业提供的条件支持，在工作中更能够得心应手，能从中获得自己所需要的知识，员工的能力进而得到持续的提升，这样员工就容易产生获得感和成就感。

第二，企业必须要做到对知识获取或者贡献的回馈。现在很多企业不重视这一点。员工通过企业获取知识的时候有没有条件、产生的知识有没有得到认同，这对于员工的积极性和创造力都会产生影响。员工如果做出了知识贡献，是需要对贡献者给予回报的。

微软在这方面就是一个很好的样板。员工在工作过程中，通过自己的经验摸索出好的方法，认为通过这种方法能解决工作中或者管理中的具体问题，那就要在企业中广泛推广。企业要派出专家对知识进行验证，把个人的知识转化为公司的知识。员工为公司创造了价值，企业要对价值的创造者给予一定的鼓励和回报。这样员工才能源源不断地尝试创新，企业的创新才能够得到保障。

还有一点，就是要鼓励员工交流分享。通过员工的交流分享，产生思想的碰撞和互相验证，也有利于企业产生有价值的知识。因此，要鼓励员工交流分享，不要"闭门造车"。

这两方面要结合起来，一个是公司要提供知识获取的平台，另外一个是保护好员工创造价值的积极性，这两者缺一不可。

企业在做知识的管理、知识的应用时，都需要设置一个标准化流程。比如在服务客户的过程中，遇到了什么问题，员工不是先上网搜索，而是先到企业知识库去问、去查，知识库就会告诉你答案：这类问题一般都会出现哪几种情况，这些情况的解决方案是怎样的。如果得不到想要的答案，可以与企业内部专家进行沟通交流，找到解决方案，这样就实现了对员工的有效的知识支撑。

知识应用是相互的，员工要把对知识库的应用变成一种日常的行为，对公司知识应用标准流程要熟悉，不要遇到问题就"一拍脑袋"，按自己的经验做事，这是错误的。员工一定要先按照公司的流程处理工作，如果员工认为自己的方法确实比公司知识库中的更好，可以按照知识贡献的流程提交方案，企业再对知识库相关知识进行更新，给予员工回报。

知识库对员工起到知识支撑的作用，员工对知识库进行创新、完善、补充，这是一个相互的、动态互补的过程，这个过程让员工感到自豪，也会让客户有信心。

我觉得，天维信息作为知识型企业，为了提升下一步的成长发展速度，可以在知识库的应用和管理上进行探索研究，完善相关的制度与流程。

记者：知识型的员工相对比较难管理，天河软件园应该也有很多类似天维信息这样的知识型企业，他们在激励员工方面，有没有一些好的思路和做法是天维信息可以学习借鉴的？

詹延遵：员工激励需要从整个制度的科学性去看待，要进行全面的分析。因为现在有多种激励手段，激励机制也是一个复杂的系统，要因地制宜、因人施策，进行深入研究，建立模型，成体系化地建立激励机制。

例如，从收入这方面来讲，有工资激励、奖金激励、提成激励、期权激励等。对于大多数公司，这几种激励是比较普遍的，对不同的员工采取其中的一种或者几种进行激励。要针对不同的岗位、不同的人实施，不能一概而论，这几种激励全部都上，可能激励了一些人，但会挫伤另外一部分人。因此，要根据马斯洛需求层次理论，对不同层次、不同需求的人，采取不同的激励方式。

用心深耕　持续创新

——张建军专访

20年来，广州业软件风起云涌，涌现出一批名牌企业，产业规模从2000年的30亿元猛增至2020年的4940亿元，增长160多倍，成为支撑广州经济转型升级的重要主力军。

2020年9月，为纪念广州软件业20年的不凡成就，广州市软件行业协会组织开展了广州软件20年功勋企业、人物推选活动。在这次评选中，天维信息荣获"广州软件20年创新企业"奖。

作为专注服务全国银行业绩效管理的专业化公司，天维信息既是广州软件业的见证者，也是重要的参与者，始终与国家同频、与时代共振。多年来积极探索、勇于创新，精准聚焦银行业的绩效管理难题，为客户构建绩效管理体系，取得了显著成效。

广州软件协会秘书长张建军见证了天维信息的一路成长与蜕变，与他的一番深入交流，让我们从另一个角度深入了解到天维信息发展路径的独特之处。

记者： 广州软件协会于2000年成立。20年来，广州不断出现优秀的软件企业。您作为广州软件协会秘书长，如何看待广州软件企业这20年的发展？

张建军： 从整体上来看，全球IT产业经历了个人计算机普及、互联网发展、移动互联网浪潮，一直到今天"软件定义、万物互联"的时代。今天，以软件为核心的数字经济成为第四次工业革命的关键，为第四次工业革命提供了强大的驱动力，成为加速产业转型升级的重要引擎、推动社会生活方式变革的重要力量，以及构筑国家竞争优势的战略支点。

在这20年中，广州软件产业实现了从"辅助"到"引领"的角色转变，从"传统产业的信息化支撑"发展成为"支撑经济持续快速发展的关键力量"，在企业实力、盈利水平、研发投入、人均薪酬等方面位居全市各行业前列。

广州软件产业规模从2000年的30亿元，发展到2020年的4940亿元，20年增长了160多倍，2020年广州软件产业发展增速达到15.5%，远超其他行业。根据市场监管局的数据，2021年第一季度，广州全市新增信息传输、软件和信息技术服务企业1.56万家，同比增长364.99%，占全市新增企业总量的12%，充分反映了广州软件产业旺盛的市场活力。

目前，软件产业面临"三大利好"。一个是疫情加速了传统产业信息化的步伐，远程办公、在线教育、电商直播等业态快速发展。第二个是5G、AI、区块链、工业互联、自动驾驶等新技术日趋成熟，基于新兴技术的行业应用创新层出不穷。比如佳都基于人工智能技术的智慧地铁生态系统、小鹏汽车的智能驾驶等。第三个是国家政策的大力扶持，"新基建战略"重点扶持的七大领域中，有四个跟软件产业相关。2020年国发〔2020〕8号文正式发布，涉及软件产业税收优惠政策，同时提出，不断探索构建社会主义市场经济条件下关键核心技术攻关新型举国体制。

这"三大利好"从人才到市场、到金融、到财税政策，全方位支持广州软件产业的发展，推动软件产业迎来新的发展契机。

记者：2020年，天维信息有幸获得广州软件协会颁发的"广州软件20年创新企业"奖，您认为天维信息最有价值的创新品质体现在哪里？

张建军：20年来，天维信息一直保持着一种持续的创新精神，每一次都是天维信息走在行业发展的前面，并一直在创新的路上不断突破。

天维信息在业务上从"跟随"到"并行"，再到"引领"，完成了业务及商业模式的升级创新，与广州软件行业的升级相契合，甚至稍快一步。

天维信息在创立之初，也是单纯卖软件，但大多数软件企业都是拼价格，导致软件企业利润薄、软件质量上不去，对于软件企业和软件使用方，伤害都非常大。

天维信息在经历一段时间的摸索后，在业务及商业模式上进行创新，打破常规，率先推出了咨询业务。在业务流程上，先做软件咨询，对项目进行评估，再做软件开发。

之后，在业务和商业模式上又不断地突破创新，天维信息成立至今经历的"卖软件、卖方案、卖管理、卖效果"这四次变革，很好地体现了天维信息的创新精神，称得上是广州软件企业一个非常典型的优秀代表。

记者： 大多数软件公司的业务范围都比较多元化，而天维信息从成立至今一直奉行"一厘米宽度，一公里深度"，在银行绩效管理的细分领域精耕细作。请您从企业发展的角度，谈谈您的看法。

张建军： 企业发展过程中，有的企业走的是"先大后强"的路，有的走的是"先强后大"的路。但作为我个人的喜好来讲，我更希望看到一个企业是"先强后大"。

所以，我是非常认同天维信息奉行的"一厘米宽度，一公里深度"。天维信息先在银行绩效管理这个领域精耕细作，然后再去谋求横向发展。即在一个领域做精做专，直到做到领先地位，别人没法去超越的时候，再去拓展其他业务。

从行业的角度上来讲，我们发现，凡是现在能发展比较久的、发展比较好的、能有持续生命力的企业，往往都是深耕一个行业。

比如天维信息，精耕于银行绩效管理；再比如极点三维，它是索菲亚旗下的信息化公司，深耕家装信息化；再比如，尚品宅配背后的信息化公司圆方计算机、瀚阳信息公司，都是围绕一个行业深耕做透，展现出强大的可持续力和生命力。

记者： 天维信息20周年到来之际，请您谈谈对天维信息的未来有怎样的期待？

张建军： 天维信息到今年已经发展了20年，未来也会迎来非常迅速的发展。

首先，从产业的发展角度来讲。大背景下，软件企业面临着刚才谈到的"三大利好"。并且，软件行业转型向"软件定义，万物互联"进行发展，国家给予软件企业的政策又非常好，整个软件产业在这20年来发展非常迅速，同时对于整个软件企业来说还是方兴未艾，还是会呈现一种高速发展的趋势，这是行业大背景。

其次，从天维信息本身来讲。第一，天维信息在银行绩效管理行业已经深耕了20年，天维信息对银行绩效管理细分领域的领悟也到了厚积薄发的阶段。在过去的20年中，天维信息为银行业的绩效管理作出了非常大的贡献，同时自身也获得了相应的积累，这对于后期的发展是非常好的。

同时，我个人对银行业有一个很宏观的想法，我觉得以后的银行可能是"金融服务业"。像国外一样，中国银行业的发展也一定会遵循阶段性发展规律，前期先是服务于农业，再是服务于工业，最后是服务于第三产业。金融在第三产业领域里所占比重是非常高的。西方，比如说美国，它的金融服务业占整个国民经济比重是非常高的，当国民有了一定的经济基础之后，他的理财需求是非常大的。所以，我想，有没有可能每个人身边都有理财师，围绕我们个人或企业，提供理财规划的服务。

在这样的发展形势下，天维信息就可以给银行提供一个非常好的工具。如何发掘客户？如何给客户创造价值？这个产品延伸到银行体系之外，它可能还包容更多的理财师。

我觉得，天维信息未来的空间是从服务银行，到协助银行一起来帮助客户。这样的形式非常有潜力，因为现在的技术把原来的各种生产方式全都打散了。以后的社会可能是大的平台、大的公司，然后再加个体，就是两端化，不像现在有很多中小企业，这样会有非常多的自由职业者出现。在未来，天维信息帮助这些理财规划师，也是在帮助银行。

  我的逻辑就是三个点。第一个点是整个行业大背景。第二个点是天维信息已经到了厚积薄发的阶段，天维信息的产品是绩效考核系统，是赋能银行高质量发展的一个核心系统。第三点是，随着社会的不断发展，数字化转型程度不断加深，社会可能会呈现出"大公司、大平台＋许多自由职业者"的形式，天维信息未来可能会赋能到每一个理财师。

做好一份技术，支撑九份业务

——潘茂林专访

二十年前，广州出现了一家专做银行绩效考核软件这类小众产品的公司——天维信息。二十年来，信息技术行业经过了"以业务服务为中心，以市场需求为导向"的发展历程，潘茂林教授见证了信息技术公司"业务驱动"的成功之路。

潘茂林教授，现就职于中山大学计算机（软件工程）学院，从事软件工程、企业流程自动化、云计算等方面的研究。他曾在天维信息就职，设计了天维绩效考核系统 Java 架构。到中山大学后，他作为技术顾问，长期支持天维信息的技术与发展，指导设计了天维信息的绩效 SaaS 云平台。目前，潘茂林教授帮助天维信息研究构建天维绩效云服务数字产品，希望通过这个产品，为银行提供绩效大数据分析和智能咨询服务。

作为信息技术专家、天维信息的"老朋友"，他对天维信息的"产品化之路"有着更为深刻的理解。他认为，产品化之路，一定不是追求大而全的软件功能、设计通用的业务模块、运用高深的技术，而是理解客户的业务差异，积累业务知识，给出精准的解决方案。

记者：作为天维信息多年的技术顾问，您见证了这家公司一路的成长与蜕变。您眼中的天维信息，是一家怎样的企业？

潘茂林：我觉得，可以用几个关键词来概括我眼中的天维信息，那就是"坚持，稳健，务实，创新"。

让时间倒流到 21 世纪初，天维信息作为一个初创公司有了自己挣钱的产品——天维绩效考核系统（Tiancom Performance Analysis System）。然而，作为小众软件，无论营销、开发还是实施都面临巨大的挑战。

"我相信绩效管理是每个银行都需要的软件。"这句话，天维信息董事长丁家奎说了二十年，也实践了二十年。这二十年，是天维信息"从兴业银行广州分行这第一家客户起步，到成为全国知名的银行绩效管理软件与服务的头部厂商"的二十年。

经营分析会是天维信息二十年来从不间断的活动。作为一家初创公司，二十年前天维信息的首要任务就是"活着"，要活着就得养得起人。早期的经营分析会大体是"家底、找钱和挣钱"这三部曲。经营分析会第一件事是"现金流分析"，然后是"市场与进展"，最后是"项目进展情况与其他"。我作为一个软件工程专家，不讨论 Java、Web 的架构，不研究软件开发过程与方法，参加这样的会议就是"打酱油"。

但多年后再回首，现在我在软件工程的课堂上，常以天维信息为案例，讲述成本、市场因素对软件开发过程与活动裁剪的影响。在经营分析会上，除了学到了"现金流""销售漏斗"等术语外，感受最深的是丁家奎董事长运用得最得心应手的"名义小组技术"。它作为经营分析会的"加菜"，用于处理分歧最大的问题决策。它也可以称为"民主（自由提建议）—集中（领导引导分析）—民主（投票决策）"的决策模式。这种模式是"理科生的梦魇"，学历史的文科生（丁家奎董事长）在不经意之间"带歪了"一群理科生。

领导的榜样力量是无穷的，"名义小组技术"方法如此"有效果"，天维信息的大小领导们无不操作熟练，也许并不是所有人都知道"名义小组技术"这个术语，但在项目研讨、需求收集、业务问题分析等会议上，这个技术以各种形式出现，让天维信息大小领导居安思危，在危机中发现一个又一个机遇。这种工作作风推动了天维信息在一个细分领域内不断成长壮大。

凡事预则立。天维信息成长壮大的 20 年，恰逢中国商业银行深化改革发展的 20 年。1996 年年底，中国仅有 4 家国有商业银行、12 家股份制银行和

16家城市合作银行。2001年，中国加入世界贸易组织，承诺让外资银行进入中国。2003年，中国银监会成立，第十届人大常委会第六次会议颁布修改《中华人民共和国商业银行法》等文件。截至2018年年底，仅城市商业银行就有134家，农村商业银行达到1427家。这些新银行，不仅需要各种业务软件系统，更需要专业的绩效服务来提升人员素质，改进价值创造能力，以适应日益激烈的商业竞争。

企业的成长，不只是业务量的增加，更是企业人的成长。"滚滚而来"的项目，正是打磨能打善战团队的"磨刀石"。2008年的某一天，天维信息的联合创始人、董事会秘书姚慧明带着他"招牌式"严肃认真的笑容对我说："老潘，你做的软件工程的过程规范我替你实现了！"我审核过天维信息项目的需求、开发计划，要一个3~5人团队按70~80页的工程规范干活很难，专业人才缺乏、成本高，这会造成项目经理自由裁剪工程活动，高管们频繁到各银行"救火"的场面。假设每个项目组4人，同时应付15个项目，仅开发团队就要60人，保质量、降成本就是高管团队的首要工作。其中一条路，是梳理已有项目需求，走产品化之路。然而，绩效考核系统是非常个性化的产品，每个项目都需要走从需求到实施的全过程。

因此，天维信息选择了"技能专业化"之路，建立了需求组、设计组、实施组、配置管理组、质量管理组等，打破了传统的项目组模式，按软件工程过程模型构建专业团队，不仅节约了四分之一的技术人员、缩短了项目工期，同时大幅提升了客户交付的品质。

更重要的是，在大量项目洗涮下，培养了一批优秀的干部。比如说，负责需求和设计的苏家怡，她最了解业务与产品，也是银行绩效考核最佳实践研究所所长；技术扎实、公关力强的张慧宙；精练能干的配置管理员田蓉；等等。今天很多省中心的领导人，当年在需求或实施部门时，经过了大量项目的冲刷，拥有丰富的实战经验。我很幸运，有姚慧明这样的朋友，他把课本知识变成了企业成长的利器。

"莫道此中滋味薄，前村还有未炊时。"做好软件项目开发，仅是天维信息成长的第一步。丁家奎董事长提出，既然每个项目都要做需求与定制，能否按需求收费，先做需求再实施？他与银行董事长们一聊，客户不只需要软件产品，更需要绩效管理的理论与方法、制度建设与方案，还要与软件深度绑定。

于是，新的业务出现了。需求收费逐步演化变为绩效管理咨询产品，天维信息银行绩效考核最佳实践研究所也应运而生。进一步地，丁家奎董事长提出了天维信息数据服务产品，该产品提供从绩效管理落实到全过程、全员、全产品服务，包括绩效管理咨询、银行绩效制度建设、软件系统实施与实现、绩效评估、绩效优化等，从制度设计到软件落地，绩效考核体系建设内容全包。

得益于产品与商业模式的革新，天维信息和那些卖软件的IT厂商拉开了距离。用丁家奎董事长的话说："客户需要的是考核的效果，不是软件的功能。"可以用老子的话收尾，来总结天维信息的成长与蜕变——"有道无术，术尚可求也。有术无道，止于术"。

记者：作为有丰富理论与实践经验的IT专家，您如何看待银行绩效考核系统？比如说它的技术难点、应用实践和社会价值是什么？

潘茂林：用绩效考核系统来表达天维信息产品是非常狭隘的。围绕银行绩效考核这个业务，天维信息构建了系列化产品，包括软件、管理、研究。这是天维信息的核心优势，也是对手难以模仿的门槛。

从软件和系统的角度看，我们可以用下面的这张图来表示信息产品发展的不同阶段：

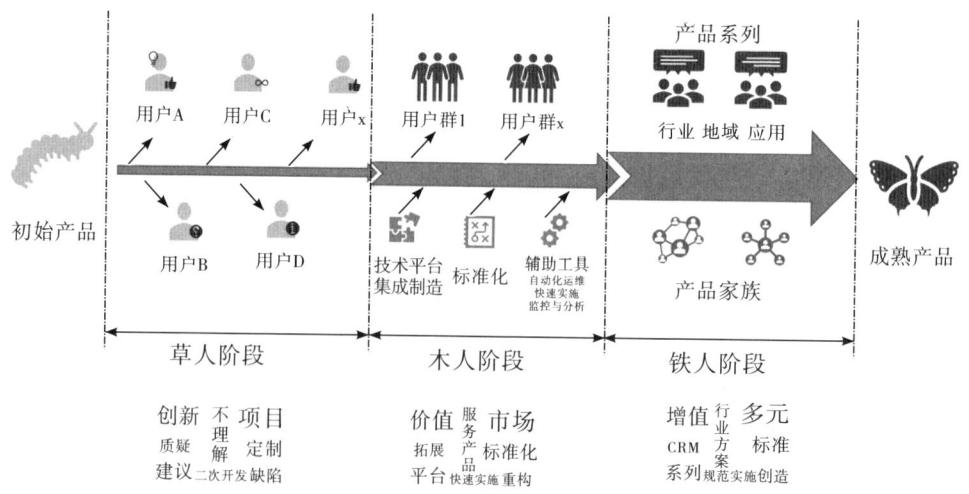

天维信息的绩效考核（PAS）业务，早期是基于 BI（业务智能）工具的绩效分析产品。天维信息在 20 年前就进入了数据仓库（DW）建设与联机分析处理（OLAP）领域，是 IBM Congos 最早的中国用户之一。Congos 产品功能强大，但需要银行在绩效系统开发费用以外，再拿出 60 万元采购费用。

产品的早期其实就是碰不得的"稻草人"，换一个用户就得伤筋动骨适应一次。软件专家说，需求就是一座冰山，露出来的仅有 10%，看似简单的需求，一旦实施就是泥潭。业务就像一头"象"，你在 A 用户那里摸了个"鼻子"，在 B 用户那里可能摸到一条"腿"。这个阶段，丁家奎董事长关注最多的技术话题就是产品化，项目开发规范化。当时的项目案例仅有 10 来个，产品功能梳理的结果就是一个项目一个版本。开发规范执行效果也一般，除了有银行客户强制要求的需求文档，基本就是在原项目基础上边改边做。这是一个依赖项目经理能力的时代，新员工做 1~2 个项目就变成了经理，带着一帮"新兵"又开始一个新项目。那时的高管，就是最好的"救火队长"。即使今天，许多核心代码中"硬编码"代码依然被新来的程序员吐槽，但"丑"代码也能做出有用的东西。即便如此，丁家奎董事长也有自己的坚持，即"坚持绩效管理，坚持金融行业"。

产品化之路,一定不是追求大而全的软件功能、设计通用的业务模块、运用高深的技术,而是理解客户的业务差异,积累业务知识,给出精准的解决方案。当我们能有效应对差异化的客户,乐于为了客户修改代码,而且成本与质量还可控,这就意味着已经进入了产品的"木头人"阶段。

当一个软件企业能够按软件生产过程科学运作,它就会产生一连串的"化学反应"。我一贯的观点是"需求分析师,就是业务知识的搬运工"。需求分析师在收集整理客户的业务流程、数据过程中,自己成了业务专家。为了提升需求获取的效率,客户就会被自然分类。"而软件工程师,就是用代码砌墙的建筑工。"他们最喜欢的单词叫"复用"或"复制"。喜欢收集常用的数据模型或代码模块,像玩具一样拆啊、装啊,偶尔也改一下。

从技术的角度看,软件的架构越来越稳定,适应业务变化的能力也越来越强。例如:早期用 Congos 做图表与报表,但客户更关注业务数据呈现,并不关注 BI 产品强大的钻取、钻透等功能操作。使用 Java、Web 工具一样能满足客户要求,而且节省了客户的 BI 采购成本。在获取需求的过程中,有人观察到,客户用的报表有这样的规律,"数据模型—存储过程—SQL—报表",开发了一个工具,让实施人员自己定义报表的格式、SQL 语句的工具,并嵌入 PAS 产品,解决了 60% 以上用户针对报表的需求。

实施工程师逐步从代码开发中解放出来,从事数据处理、系统配置、问题分析等工作。项目经理也从"稻草人"阶段的"开发与管理"角色,转型为"业务与管理"的角色。当需求、设计、实施、质保、项管变成流水线并组织起来,软件开发就能更好地适应客户的需求变化。在这个过程中,丁家奎董事长紧紧抓住了一个关键词"快速实施",对推动产品标准化、实施流程化起到了重要作用。

软件即服务,天维信息在绩效管理服务产品创新、商业模式创新方面走出了属于自己的成长与壮大之路。在 21 世纪,软件服务的概念大火,原则上就是"软件少收费,改收服务费"。如软件租赁、软件外包、运维外包等。天维信息则看中了中小银行缺乏绩效管理专业理论的市场,自己成立了研究所，安心研究银行绩效管理的理论、方法与实践。这份业务理论的知识积累，有效地支持了天维信息的绩效咨询服务、天维数据服务产品的开发与建设。

这二十年，天维信息已经帮助无数客户建立、改进了商业银行的绩效考核体系与制度，并实现了与考核软件一体化对接，实现了与客户"双赢"的经营模式。在"有效果"理论的探索中，建立了从绩效咨询、制度设计、软件配套、绩效评价在内的全过程服务。

为了保障产品的效果，天维信息开展了三大最佳模型建设，即"咨询最佳实践模型""项目管理最佳实践模型""软件最佳实践模型"。他们把客户需要放在第一位，技术、产品与质量三位一体，实现与服务企业的共成长。这一阶段，丁家奎董事长常说"一份技术，九份业务"。

天维信息的产品是否进入了"铁人"阶段，这个我也说不清楚。前两年，天维信息推出了云绩效 SaaS 产品，实现了"数据部署在省级行社，支持各地分行差异化考核"的云平台，解决了农信社系统省级联社和大型股份制银行既要统一，又希望支持差异化的难题。为了提高要素配置效率，加速要素的流动，实现战略、绩效、产品和人力等多要素管理的高绩效平台已在研究中，以智能服务为中心的新一代绩效咨询数字产品也纳入规划。二十年中，天维信息在业务上实现了从"跟随"到"并行"，再到"引领"的蜕变。丁家奎董事长现在常说，"以前是客户要什么我们就做什么，现在是我们与客户一起创新"。

记者：您与天维信息相识相知多年，您如何评价天维信息的创业者们？他们身上有哪些独特的品质？

潘茂林：天维信息的创业者们是一个优秀的互补型团队，市场与技术对半。有人在前冲锋，有人在后组织谋划，有人善于技术管理，有人精通一线运作；有人性格像大炮，也有人像牛皮糖。

这样的一个团队，能在一起二十年，其本身就是气运、能力、态度的相互认可。彼得·德鲁克说，好的团队就是让平凡的人做出不平凡的事。天维信息的创业团队，就是这样一支好的团队。

记者： 请谈谈您对天维信息未来的期望。

潘茂林： 百尺竿头，更进一步，最是艰难。看到天维信息中越来越多的年轻人成熟并走向重要岗位，我很高兴。我相信，天维信息的技术、产品会融入更多时代的元素，创造更多的社会价值，与中国银行业共成长，与中国经济共发展。

第五部分

特别收录

进一步用好绩效管理系统

胥刚

翻阅2010年第3期《中国农村金融》杂志刊登的旧作——《上线阳光绩效考核系统 建立案防长效机制》，抚今思昔，感念使用绩效管理系统的好处，致敬合作伙伴——广州天维信息技术股份有限公司20年庆！

射阳农商银行是2008年成立的全国第十八家、苏北第一家县域农村商业银行。为有效解决原绩效考核工作中存在的诸多问题，进一步推进精细化、现代化管理转型，我们通过立项、调研、招标、实地考察等一系列工作后，于2009年3月选择了与中标的天维信息合作开发"绩效考核系统"。由于供需双方目标一致、核心层主动引领、全员广泛参与、内外精诚合作，2009年6月份天维信息就将全部预设的功能开发成功，并顺利实施上线运行。这是天维信息在全国农商银行系统放的第一个"卫星"，而且成功了！

2009年下半年，江苏省银监局召开的全省农村合作金融机构案防长效机制建设经验交流视频会议上，我受托代表本行作了题为《上线阳光绩效考核系统，开通案防绿色长效治理通道》的交流发言。我从案防长效建制的角度，介绍了绩效考核系统特点及使用的初步功效。2010年，这一总结材料润色后被当时的银监会主办的《中国农村金融》第三期加"编者按"刊发。各级领导、监管部门的重视与现场调研指导，全国各地的同行到访学习、考察者络绎不绝。当时的射阳农商银行和天维信息直接上了"热搜"。从此，天维信息"星火燎原"，订单纷至，直至成为一家专做绩效管理的专业公司。早几年前，有的同志曾跟天维信息的丁家奎董事长开玩笑说：天维信息欠射阳农商银行一笔不少的试验费、宣传费和业务招待费。

正如《中国农村金融》杂志上的"编者按"说的：绩效考核是人力资源管理的重要环节。有效运用绩效考核这一杠杆能够撬动企业内部员工的工作热情和动力，从而激发企业发展的活力。十多年的实践告诉我们，它不仅是个"大计算器"——各类考核指标的系统运算，体验科技应用带来的效率倍增；还是个"活导航仪"——它有正向的激励考核指标，也有负面的扣分处罚清单。对于单位，它提供数据分析，服务团队决策，助推奋斗唯本、集约经营的企业文化建设；对于个人，它激励员工拼搏奋斗、勤劳致富，指导调优职场规划，指引未来健康成长。实际上，它就是一个"科技应用+"的管理工具——除系统计价管理监督外，还突出过程和细节的全程式管理监督，不仅管理监督到个人绩效和行为，还管理监督到团队经营并影响总体决策。用好这一赏罚分明、充分释放善意的管理平台，可以促进全行提质增能、精细化管理、高质量发展。射阳农商银行这些年来的生动实践，即可说明其利好。

聚焦考核支农支小，坚定为农服务的市场定位，十多年来全行经营业绩不断攀登新台阶。以2020年底江苏省联社考核数据为准，射阳农商银行本部各项存款由建行初期的30亿元，跃超300亿元，增长了10多倍；支农实体贷款也由20多亿元，增至170亿元，增长了8倍多。2020年度银监部门考核的"三占比、四增速"7项指标全面达标。其中普惠型小微企业贷款增速39.4%，进全省前十；手机银行客户占比也超过65%，ATM台均交易笔数和手机银行客户增幅，均位列全省农商银行系统第二位；电子银行替代率达95.63%，高于全省平均水平……我们在河南武陟、沁阳、孟州及江苏海安等地主发起的4家村镇银行（目前已辖22个网点），也认同并沿用了这一系统。2020年底总存款已经突破70亿元，各项贷款达64亿元，且多是面广量大、千家万户的小额贷款，最高户均11万元。存、贷款业务市场份额一直保持第一强势。

综合运用绩效管理系统，全面引领管理水平的不断提升。建行以来，我们以绩效管理系统为主抓手，配套非绩效因素激励，如推广奋斗者文化等，坚持稳健经营、依规运作，经受了种种困难和灾难的考验，始终保持良好的经营质态和政治生态。2020年年底，全行不良贷款率控制在1.5%水平（4家村镇银行不良贷款率均控制在2%以内）；总行本部人均金融增加值近150万元；在省年度考核，等级行2019年实现5A级，2020年跃居全省考核二类、综合考核排名进前5名。2021年上半年考核经营业绩和管理质量的提升，有力地促进了员工收入增长，全员幸福感、获得感和归属感日渐增强。建行以来获得了很多高层次的荣誉，如全国模范职工之家、全国厂务公开、民主管理先进单位、全国支农支小示范单位、全国金融系统思想政治工作、企业文化建设先进单位等。《求是》杂志和学习强国平台等先后报道了我行党建引领业务经营的做法。

一句话，绩效系统在其中发挥了重要的作用。从商务转型到二次转型，从"两擎两翼"到"四大工程"，射阳农商银行一直重视使用绩效考核系统并升级为管理系统。十多年来，全行上下已经接受、信任并习惯地用起了这一系统。系统的生命在于运用，并在运用中不断改善、推陈出新，才能出生产力。按主要代码底层、框架和功能的变化区分，目前我们使用的绩效系统已经是3.3以上版本了。这个系统已包含了二次考核方案配置、业绩关系管理、业绩查询、绩效查询、报表查询、考核得分查询等满足日常考核所需的各项功能249项。全行已经建立了较为精细化并日臻完善的绩效考核及其沟通反馈机制。特别是采用二次考核+扁平化计价的考核方式，强化了支行行长管理职能和团队战斗力，实现全面绩效管理。员工可根据绩效沟通结果不断改进工作，适时调整职业生涯规划，积极加盟本行奋斗者队伍，参与"雏鹤"行动（"90后"人才培养工程）。

下一步，我们将在天维信息项目团队的指导帮助下，依靠自己的绩效管理团队（人力资源、普惠金融和科技管理等部门），并争取省联社行业主管部门支持，继续努力研究解决系统使用、管理过程中存在的四个方面突出问题。

一是系统功能升级改造——要重点解决天维绩效迁入江苏省联社云端服

务器后导致系统运行速度、数据跑批较前大幅度减慢等问题。还要尽快解决二次考核方案配置麻烦、未能展示绩效明细及扣罚奖励结果、个性化考核指标数据获取难等问题。

二是基层绩效管理能力提升——当下虽然建立了相对较为完善的绩效管理团队，但支行的任务压力传导、二次考核管理的流程、指导和监督、绩效管理人员的能力，以及绩效沟通的机制还需进一步提升。要进一步突出加强支行行长级的管理绩效能力提升建设，建立相对较为完善的绩效管理团队，将"支部建到连队"，让"真正听到炮声的人做决策"（任正非语），包括敢、能、善决策。

三是绩效考核制度体系完善——重点是平衡把握激励与约束、效率与公平关系，进一步优化并完善任务下达、绩效考核体系。如设置季度机构考核得分调节系数，优化支行二次考核制度和二次分配考核模式，提升团队营销主动性和相对公平性。还要进一步增强其"鹰眼挑战"功能，细致公开入微，阳光消毒运行，方便快捷查询监督，不留权力寻租死角。

四是绩效管理文化传承建设——继续坚持以人为本，在完善绩效管理制度体系的同时，将绩效管理文化进一步融入企业文化建设之中，不断提升绩效管理层次。当前要从基础抓起，加强绩效考核宣贯和沟通协调工作，进一步明晰考核内容、关键性指标及其标分，正确指导全行上下更大范围、更深层次、更加主动地认同、用好这一系统，充分释放管理善意，让精细化的绩效管理文化在员工心里落地，从而在源头上不断增强更大的内生动力。

以上所述，从另一个角度看，正是绩效管理系统助力案防长效机制的具体实践和结果导向。是为说明，敬请指教！

附文： 上线阳光绩效考核系统　建立案防长效机制

文 / 胥刚

（摘自《中国农村金融》杂志2010年第3期）

近年来，江苏射阳农村商业银行（以下简称农商行）认真研究案发规律和面上工作经验，坚持以人为本，从深化激励约束入手，借用科技手段，上线全新的绩效考核系统，为全面推进案防长效建制做出了积极的尝试。

上线绩效考核系统，增强正向激励作用

为从根本上解决过去绩效考核系统上有碍发展和诱发案件的短板问题，射阳农商行根据案防长效建制工作规划，专门成立了攻关小组，决定加大机防投入力度，先行一步上线绩效考核系统，用机防的无情管理取缔人为操作的权力寻租，用直观的标准定价取缔复杂的人情考兑，让权力在阳光下运行。2008年下半年，通过公开招标，他们择优选择了与有商业银行绩效考核系统开发成功经验的广州某公司合作开发。该公司充分吸纳了他们的设计需求，将绩效考核与现行业务网络链接，应用计算机网络引擎和平台，创新建立了长效性质的绩效考核系统。这个系统最明显的特征有四。

一是考核阳光，计价标准化。新的系统实现了全员、360度全方位考核，员工所有薪酬分配都由系统生成、管理。考核指标分定量、定性，定量KPI指标共分七大类、148个细项，支持多级灵活配置和四则运算，对每项指标都可以单独定价，同个指标可以实现不同机构、不同行员设定不同计价标准。定性指标实施360度综合考核，以工作质量考核与行员违规积分考核相结合。它能公正而又清晰地告诉每个员工一个标准，即应该做什么，对做到何种程度加以界定。系统还对不同目标的业绩指标执行不同的计价标准，使考核更具有可比性，并且更容易对考核结果进行标准解释。总行可以随时通过指标

定价引导业务拓展重点。

二是分配阳光，查询透明化。系统设置了查询中心，提供了一个领导层与员工交互的平台。每个员工每天都可以查询自己的业绩、指标定价、违规处罚、行员等级等跟薪酬相关的所有信息，可以查询到历史任意一天业绩数据。考虑长效机制，每个员工在系统中设立虚拟风险资金管理账户，计提责任风险金、行员年金、工资限额超标虚拟金。系统薪酬分配由系统自动计算，无任何人为干预行为，真正实施阳光作业，体现员工多劳多得的分配原则，充分调动员工的工作积极性，增强自我约束能力，有效地防范了案件的发生。

三是监管阳光，操作平台化。系统不仅设置了查询中心，还设立了管理中心、报表中心和分析中心。管理中心包括系统管理、考核指标管理、行员管理、工资项目管理、风险账户管理、分成管理、业绩管理、薪酬配置、计划管理、惩罚管理和事件管理等。报表中心包括机构业绩明细表、行员计划汇总表、机构计划汇总表、行员风险金汇总表和机构风险金汇总表。分析中心包括机构排名分析、行员排名分析、机构趋势分析、行员趋势分析、惩罚汇总分析、行员分类汇总分析、机构计划完成分析、行员计划完成分析和应收应付利息分析。四大中心搭建了监管工作的新平台。

四是通道阳光，晋升开放化。新的绩效考核系统更具长效意义的制度设计就是打通了员工可以择优选择的阳光通道。它引导员工调整职业生涯规划和提升职业素质，形成优胜劣汰的"赛马"机制。让有管理才干的人，可以选择管理岗位竞聘，提升自己的管理能级系数，有经营才干的人可以选择做大自己的业绩提升等级系数。这两个分配系数是平行的，考兑的原则是就高不就低。员工发展的空间增大，选择的余地更大，更公平和阳光。

新绩效系统上线以后，正向激励功能开始显现，最明显的是存贷业务迅速、高质量地扩张。2009年9月，射阳农商行成立一周年的时候，各项存款在全县率先突破50亿元，达52.19亿元，比年初增加15.62亿元，增幅为49.1%，存款总量和增幅的市场份额分别达37.9%和49.8%，居当地8家金融机构首位；存款增幅是该行成立前的最高峰年份的3.1倍，是各年年均增幅的 5 倍多。贷款方面的明显变化是信贷人员的营销积极性迅速升温，低风险的贷款营销业务迅速扩张。

实施违规行为分类处理办法，提高制度执行力度

这是绩效考核系统的减项。支撑这个减项的是两个办法：员工轻微违规行为累积分处罚办法和严重违规行为责任追究试行办法。

在工作人员违反规章制度处理暂行办法的基础上，他们总结了 2003 年以来的案防工作经验教训，结合本行风险排查和面上案防工作情况，组织出台了员工轻微违规行为累积分处罚办法，完善了严重违规行为责任追究试行办法。

分类处置的目的就在于关口前移，防微杜渐。累计积分办法共列出了 10 大类 653 个主要风险点，责任追究办法列出 172 条 488 个违规禁忌。这些风险点都来自平时的各类风险排查和面上案发教训集成。

轻微违规行为积分办法的特点在于分层实施、逐级积分，更加重视落实各级"谁主管，谁负责，一级抓一级，一级对上一级负责"的管理责任。此法规定：所有管理岗位人员均有积分处罚执法权。按管理权限，实施分层、逐级积分办法。具体而言，支行负责本辖区所有工作人员进行违规行为积分处罚；总行职能部门按专业分工负责本条线人员违规行为积分处罚；稽核部门查出违规问题的，直接对支行和总行职能部门管理人员进行积分处罚。如果银监部门、省联社、人民银行、纪检监察和信访举报及本行领导班子成员等查出违规问题的，分情节对检查方负责人和相关检查责任人员进行积分。已经审计的单位和项目再查出违规问题的，根据失职渎职情况，分别对监察稽核总部负责人、主查及其相关责任人员进行积分。未进行审计的单位被查出违规问题的，直接对专业部门和支行进行积分。

这两个办法都人性化地强调：自查自纠从轻，鼓励自新的政策导向。基层支行自查自纠的积分由其专项管理，不上总行绩效系统，但积分细项要报总行备查；同一违规行为在前已经自查出、并在规定的时限内整改结束的，不重复积分处罚。累计积分办法还列出若干减分事项,鼓励监督举报重大违规行为有功者。积分结果与员工等级考核、绩效分配直接挂钩,还与所在单位年度考核、"双先"评比、负责人履职考核等挂钩。

积分办法实施以来,坚持从细节抓起,比较好地推动了面上风险点的排查、自纠工作,促进了管理质量的提增。据银监部门对射阳农商行三季度的监管评级结果看,定量考核的指标绝大部分已达一级标准。

(本文作者为江苏射阳农商银行原监事长、江苏省联社督导员、高级经济师)